ザ・マスターキー

成功の鍵

チャールズ・F・ハアネル
長澤あかね＝訳

THE MASTER KEY SYSTEM

by Charles F. Haanel

はじめに

私たちはみな、人生を通して変化せずにはいられない。どれほど強く願っても、同じ場所に留《とど》まっていることはできない。真っ当な考えの持ち主なら、だらだら退屈な人生を送るのではなく、成長し、向上したいと願うだろう。肉体の寿命が尽きるときまで、精神的に成長し続けたい、と。この成長は、思考の質を改善することでしか実現できない。思考の質を改善すれば、人は理想を抱き、行動や状況を改善できる。そういうわけで、思考が物事を創造するプロセスとその活用法を学ぶことは、私たち一人一人にとって極めて重要なことなのだ。この知識があれば、地球上の人類の暮らしは瞬く間に進化し、人々の胸はいつの間にか喜びに高鳴っていることだろう。

人間は熱心に「真実」を探求し、真実に至るあらゆる道を模索してきた。そしてその過程で、ある文学のジャンルを生み出した。それは、取るに足りないものから崇高なものまで、ありとあらゆる思想を扱う分野で、占いに始まり、種々の哲学、さらには「マスターキー」という高邁《こうまい》かつ究極の「真実」を提供するに至った。この「マスターキー」は、偉大な宇宙の英知を開き、読者一人一人が志や願いにふさわしいものを引き寄せる手段として、こうして世界に与えられた。私たちが日々目にしている、人間が生み出したあらゆる物事や制度は、最初は誰かの思いとして心の中に存在していたはずだ。つまり、思いは物事を創造するのだ。人間の思考とは、宇宙の創造物である人間を通して働く、宇宙のスピリチュアル・パワーにほかならない。「マスターキー」は、そのパワーの活用法を、いかに建設的に創造的に活用すべきかを読者に教えてくれる。実現したい物事や状況があるなら、まずは思考の中で創造しなくてはならない。「マスターキー」がそのプロセスを説明し、導くだろう。

「マスターキー」の教えはこれまで、24のレッスンから成る通信講座として刊行され、毎週1レッスンが24週間にわたって受講生に届けられる仕組みだった。今24のパートを一度に受け取ったみなさんには、「小説のように読まないでほしい」と申し上げなくてはならない。講座だと考えて、各パートの意味を丁寧に吸収してほしい。毎週一つのレッスンだけを読み、繰り返し読み込んでから、次のレッスンに進んでもらいたい。そうしないと、後半のレッスンが正しく理解できず、みなさんの時間とお金が無駄になってしまうだろう。今お伝えした通りに「マスターキー」を活用すれば、読者はさらに優れた素晴らしい人格を身につけ、ご自身が抱くどんな尊い目的をも達成する新たなパワーと、人生の美しさや奇跡を楽しむ新たな能力を手にするだろう。

――F・H・バージェス

目次

序

世の中には、成功、権力、富、功績といったものを、とくに努力もせずに引き寄せているように見える人たちもいる。一方で、大変な苦労の末に獲得する人や、志や願いや理想を一向に形にできない人もいる。なぜだろう？　なぜやすやすと志を実現できる人もいるのに、苦労する人や、何一つ達成できない人がいるのだろうか。理由は肉体的なものではないはずだ。そうでなければ、誰よりも完璧《かんぺき》な肉体を持つ人が、誰よりも成功することになってしまう。つまり、そうした差は精神的なもので、心の中にあるに違いない。心には物事を創造する力があるに違いないし、人と人との差も、心が生み出しているに違いない。ゆえに、環境をはじめ、人間の前に立ちはだかる障害物を克服するのも、心にほかならないのだ。

思考が持つ創造のパワーを十分に理解すれば、目を見張るほどの成果が現れるだろう。ただし、そうした結果は、思考を正しく活用し、継続的に集中力を持って取り組まない限り、得られない。この本で学ぶ人たちは、知ることになるだろう。心の世界、スピリチュアルな世界を司《つかさど》る法則は、物質世界を司る法則と同じように、不変かつ絶対的なものなのだ、と。

したがって、望み通りの結果を得るためには、法則を知り、法則に従う必要がある。法則に正しく従えば、望み通りの結果が寸分たがわず表れるだろう。「パワーは自分の内側からやってくる」、「自分の弱さはひとえに、外からの助けに頼ってきたせいだ」と学び、潔く自らの思考を頼りにし始めた人たちは、瞬く間に本来の自分を取り戻すだろう。堂々と立ち上がり、自信に満ちた態度で、奇跡を起こしていく。


そういうわけで、この偉大なる最新の科学の目覚しい進歩をしっかりと研究し、活用できない人は、間違いなく、やがて相当な遅れを取るだろう。「電気の法則」を理解することで人類が手にした恩恵を、認めたり受け入れたりすることを拒んだ人たちのように。当然ながら、心は、望ましい状況と同じくらいたやすく、不都合な状況を創り出すこともできる。だから、意識的であろうとなかろうと、不足や制限や不調和をありありと思い描けば、そうした状況が生み出される。これは、多くの人が四六時中、無意識にしていることだ。この法則も、世の中の法則の例に漏れず、えこひいきをしない。どんな人にも絶え間なく働き、それぞれが生み出したものを本人に容赦なく届けている。つまり、「自分で蒔《ま》いた種《たね》は、自分で刈り取らなくてはならない」のだ。

だから、豊かになれるかどうかは「豊かさの法則」を理解しているかどうか、「心」

が物事を創造するばかりか「万物の唯一の創造主」である、という事実を認めるかどうかにかかっている。もちろん、物事を「創造できる」と知った上で、ふさわしい努力をしなければ、何一つ創造することはできない。今日と同じように50年前の世界にも電気は存在していたが、それを活用する法則に誰かが気づくまで、人は恩恵にあずかれなかった。今では法則が理解され、ほぼ全世界が電気で明るく照らされるようになった。「豊かさの法則」も同じだ。その恩恵にあずかれるのは、法則を認め、それと調和した人だけだ。今や科学的な考え方があらゆる分野を支配するようになり、原因と結果の関係が無視されることはなくなった。

さまざまな分野で法則が発見されたことで、人類は画期的な進歩を遂げた。人生から不確かで気まぐれな要素が取り除かれ、法則と理性と確実さがもたらされた。人間は今や、どんな結果にもそれ相応の明確な原因があることを理解している。だから、ある結果を望むときには、その結果に到達できそうな状況を求めるのだ。

あらゆる法則は、「帰納的推論」によって発見された。これは、さまざまな事例を比較し、すべての事例を引き起こしている共通因子を発見する手法だ。文明諸国が繁栄してきたのも、貴重な知識を獲得してきたのも、おおむねこの手法のおかげだ。この手法が私たちの寿命を延ばし、痛みを和らげ、川に橋を架け、昼間の輝きで夜を照らし、視界を広げ、動きを加速させ、距離を消し去り、交流を促し、人間が海に潜り、空に飛び立つのを可能にしてきた。そう考えると、人間がやがてこの手法を思考にも広げ、恩恵を得ようとしたのも、何ら不思議なことではない。特定の思考パターンが特定の結果を生むことが明らかになれば、あとはそのパターンを分析し、法則を発見すればよいだけだった。

この方法は科学的で、私たちが「不可侵の権利」と見なしている自由を守ることのできる唯一の方法なのだ。

「マスターキー」は、絶対的な科学的事実に基づいている。そして、一人一人の中に眠っている可能性を開き、それをパワフルな行動に変えるすべを教えてくれる。その結果、その人の実力が増し、エネルギー、判断力、活力、立ち直る力が高まる。本書でひも解かれる心の法則を学び、理解した人は、それまで夢にも思わなかったような結果を出す能力を手に入れられる。言葉にできないほどの見返りを得ることになるだろう。

マスターキーは、心が持つ受動的な要素と能動的な要素の正しい活用法を説き、チャンスに気づくすべを教えてくれる。また、意志力と推論の力を強化し、想像力、願望、感情、直感力の養い方や、最善の活用法を教えてくれる。そして、独創力と粘り強さをもたらし、選択の知恵、賢い思いやり、より高い次元で人生を徹底的に楽しむコツを教えるだろう。
マスターキーは、「意識《マインド》のパワー」の使い方を伝授する。それはまがい物やよこしまなパワーではない、真のマインド・パワーだ。催眠術とも、魔術とも、「タダで何かを手に入れられる」と人々をうっとりさせるまやかしの類《たぐい》とも、一切関係がない。

マスターキーは、身体を整え、健康の手綱を握る英知を育《はぐく》み、深めてくれる。「記憶力」を改善して強化し、「洞察力」を養うだろう。それは類稀《まれ》なる洞察力で、成功したビジネスパーソンがもれなく備えているものだ。この洞察力があれば、どんな状況でも困難だけでなく可能性に目を向けられるし、目の前のチャンスに気づける。多くの人は、手が届きそうなチャンスを見逃して、何ら大きな利益を生みそうもない状況で熱心に活動している。

マスターキーは、メンタルの力を育てる。その結果、人はあなたのことを「パワフルで気骨のある人物だ」と直感し、あなたに望まれた通りのことをしたくなるだろう。つまり、あなたは人や物事を引き寄せ始めるのだ。人から「幸運な人」と呼ばれ、物事は向こうからやってくるようになる。また、自然界の基本的な法則を理解し、その法則と調和して生きるようになり、無限の存在である「宇宙意識」と同調するようになるだろう。社会やビジネス界でのあらゆる恩恵を左右する「引き寄せの法則」、自然の成長の法則、心理的な法則を理解するようになる。

メンタルの力とは、創造のパワーだ。それはあなたに、自力で物事を創造する能力を与える。つまり、ほかの誰かから奪い取るわけではないのだ。自然は、決してそんなことをしない。自然は、先に育っている葉があっても、2枚の葉っぱを育てる。マインド・パワーを使えば、人間も同じことができる。

マスターキーは、洞察力や聡明《そうめい》さ、さらなる独立心を養い、人の役に立つ能力や気質を育てる。同時に、不信感や落ち込み、恐れ、うつ病を滅ぼし、痛みや病気をはじめ、あらゆる不足や制限や弱さを打ち倒すだろう。埋もれていた才能を呼び覚まし、独創力やパワー、エネルギー、生命力を供給する。そして、芸術や文学や科学の素晴らしさを認識する、審美眼を目覚めさせてくれる。

マスターキーは、不確かで漠然としたアプローチではなく明確な原理を提供することで、何千人もの人生を変えてきた。この原理は、あらゆる効率のシステムの基盤となるべきものだ。

米国屈指の鉄鋼会社、USスチールの会長だったエルバート・ゲイリーは言った。

「ほとんどの大企業にとって、経営の成功に尽力してくれるアドバイザーやインストラクターや効率の専門家の存在は欠かせません。しかし私は、正しい原理を理解し、採用することのほうがはるかに重要だと考えています」。マスターキーは正しい原理を教え、実際の活用法を提示する。その点で、ほかの講座と一線を画している。どんな原理も活用しなければ宝の持ち腐れだ、とマスターキーは教えている。多くの人は一生を通じて本を読み、通信講座で学び、講義に出席するが、教わった原理の価値を一向に証明できずにいる。マスターキーは、学んだ原理の価値を実証し、日常生活に活かす方法を提示している。

世の中の考え方にも変化が生まれている。この変化は私たちの中で静かに起こっているが、ルネッサンス以降に世界が経験した最も重要な変化だと言える。地位や教養のある人たちだけでなく、労働者を含むすべての階層において今起こっている思想の大変革は、世界史を振り返っても類を見ないものだ。

近年は、科学が膨大な発見をして、無数の資源を明らかにし、とてつもない可能性と思いも寄らぬほどのパワーを世に知らしめている。そのため科学者は、ある説を「定説だ」「間違いない」と肯定したり、「ばかげた説だ」「あり得ない」と否定したりすることに、ますます慎重になっている。つまり、新たな文明が生まれつつあるのだ。古い慣習や教義や残酷さは姿を消し、ビジョンや信頼や貢献に基づく新たな枠組みが生まれようとしている。人類が伝統という足かせから解放され、物質主義の残滓《ざんし》が消滅していくにつれて、思想も自由になり、驚く群衆を前に、真実が丸ごと姿を現しつつある。

全世界は今、新たな意識、新たなパワーに目覚めようとしている。自分の内側にある資源に、改めて気づこうとしている。19世紀は、物質面で史上最大の進歩を目の当たりにした。20世紀には、メンタルの力、すなわちスピリチュアル・パワーが、史上最大の進歩を遂げるだろう。

物理科学は、物質を分子に、分子を原子に、原子をエネルギーに分解した。そして、ジョン・アンブローズ・フレミング卿《きょう》（訳注　英国の電気技術者で、「フレミングの法則」の考案者）は、英国王立科学研究所での演説で、エネルギーをさらに心に分解した。彼はこう述べている。「結局のところ、私たちはエネルギーというものを、いわゆる『意識』や『意志』の直接的な働きとして現れたもの以外は、理解できないのかもしれません」

自然界で最も強力な力とは何だろうか。鉱物の世界では、すべては固体で固定されている。動植物の世界では、すべては流動的で絶え間なく変化し、常に創造と再創造が繰り返されている。大気中には、熱と光とエネルギーが存在する。どの世界も、目に見えるものから見えないものへ、粗いものから微細なものへ、潜在力の低いものから高いものへと移るにつれて、より微細に、よりスピリチュアルになっていく。目に見えない状態に至ったときのエネルギーは、最も純粋で最も変化しやすい状態にある。

自然界の最も強力な力は目に見えない力なので、人間の最も強力な力も、人間に備わる目に見えない力、すなわち、スピリチュアル・パワーだと言える。スピリチュアル・パワーは、「考える」というプロセスを通してしか表現できない。考えることは目に見えない力《スピリット》が司《つかさど》る唯一の営みであり、思考はその唯一の産物である。

ゆえに、足し算と引き算はスピリチュアルな活動だ。推論はスピリチュアルなプロセスであり、アイデアはスピリチュアルな概念だ。疑問はスピリチュアルなサーチライトであり、論理や議論や哲学はスピリチュアルな仕組みだ。

あらゆる思考は、特定の身体の組織——脳や神経や筋肉の一部——に働きかける。思考が組織の構造に、実際に物理的な変化をもたらすのだ。つまり、人間の身体の構造をがらりと変えたいなら、あるテーマについて一定の回数、ただ思考すればよい。これが、失敗を成功に変えるプロセスなのだ。

失敗、絶望、不足、制限、不調和といった思考が、勇気、パワー、インスピレーション、調和といった思考に変わり、新たな思考が定着すれば、身体の組織も変化し、人は人生を新たな視点で見るようになる。すると、古いものが本当に姿を消し、物事がすべて刷新されて、人間は生まれ変わる。これは見えない力《スピリット》による生まれ変わりなので、人生が新たな意味を帯び始める。その人はすっかり改造され、喜び、自信、希望、エネルギーで満たされる。それまで目に入らなかった成功のチャンスに目が向いて、以前は何の意味も見出《みいだ》せなかった可能性に気づくだろう。こうして本人に浸透した成功の思考は、やがて周りの人たちにも広がって、前進・上昇するのを周りが支えてくれるようになる。さらには、成功した新しい仲間を引き寄せるようになり、仲間のおかげで環境が変わるだろう。つまり、こうして考え方を変えるだけで、人は自分自身ばかりか、環境、境遇、状況といったものまで変えることができるのだ。

今、新たな時代の幕開けにいることに、気づかなくてはならない。目が回るほど素晴らしく、魅力的な、無限の可能性が開かれようとしている。1世紀前には、飛行機、いや、ガトリング銃さえあれば、当時の兵器を備えた軍隊を全滅させられた。今も同じことが言える。マスターキーが持つ可能性を知る人間はもれなく、大勢の人たちよりも圧倒的な優位に立てるのだ。

1週目のレッスン　すでに持っている力

こうして『ザ・マスターキー』のレッスン1をご紹介できることを、とても光栄に思う。あなたは、もっとパワフルな人生を送りたいだろうか？　ならば、すでに持っているパワーを自覚しよう。もっと健康になりたいだろうか？　ならば、自分はすでに健康だと自覚しよう。もっと幸せになりたいだろうか？　ならば、すでに持っている幸せに気づこう。パワフルで、健康で、幸せな気分で過ごせば、やがてそれが当たり前になり、その意識はあなたから離れなくなる。この世の物事は、それを司る人間に宿るパワーによって、自在に形を変えるものなのだ。

このパワーを手に入れる必要はない。あなたがすでに持っている力だからだ。ただし、このパワーを理解し、活用し、司る必要がある。そのパワーで自分を満たせば、あなたはどんどん前に進み、瞬く間に大成功を収めるだろう。

あなたが日々前進し、勢いを増し、インスピレーションの力を高めるにつれて、あなたの計画は具体化し、理解も深まっていくだろう。すると、あなたは気づき始める。この世は死んだ石と木材でできているのではなく、生き物なのだ！　と。この世は、人間のときめきでできている。世界は美しく息づいているのだ。こうした材料で何かを創るなら、まず理解することが重要だが、理解できた人は、新たな光と力に導かれるだろう。自信がつき、日々さらに大きな力を手にすることになる。望みや夢がかなうことを実感し、人生はかつてないほど深く充実した、明確な意味を持つようになる。

1　多くを持つ者がさらに多くを手にするのは、あらゆる次元の真実だ。そして、損失がさらなる損失を招くのも、同じく真実である。

2　心は創造する力を持っている。だから、状況や環境をはじめ、人生で経験するあらゆることは、習慣的に心を支配している思い――心構え――の結果なのだ。

3　心構えは当然ながら、何を考えているかで決まる。つまり、どんなパワーを手に入れ、何を達成し、何を所有するかの鍵《かぎ》は、すべて考え方にある。

4　それが真実なのは、人は「行動」するより前に、「存在」していなくてはならないからだ。人は「存在（在《あ》り方）」にふさわしい「行動」しか取れない。そして、「在り方」は、何を「考えている」かで決まる。

5　自分が持っていないパワーを発揮することはできない。パワーを確実に手に入れる唯一の方法は、パワーを自覚することだ。「すべてのパワーは内側からやってくる」と学んではじめて、人はパワーを自覚できる。

6　内なる世界は存在している。それは、思考と感情とパワーの世界であり、光と生命と美の世界だ。目には見えないけれど、その力はとてつもなく大きい。

7　内なる世界は、心が司っている。内なる世界を発見すれば、あらゆる問題の解決策が、あらゆる結果の原因が、見つかるだろう。内なる世界を司っているのは自分自身だから、パワーや所有にまつわるあらゆる法則の手綱を握っているのも、自分自身だ。

8　外の世界は、内なる世界を反映したものだ。外に現れるものは、すでに内側にあったものだ。内なる世界には、「無限の英知」と「無限のパワー」、そして、必要なすべてをもたらす「無限の供給」が存在している。それらは、明らかにされ、育《はぐく》まれ、表現される日を待っている。私たちが、内なる世界に眠る潜在能力に気づけば、それは外の世界で具現化される。

9　内なる世界の調和は外の世界に映し出され、円満な状態や快適な環境をもたらし、すべてを最善の状態にする。内なる世界の調和は、健康の基盤であり、あらゆる偉業、あらゆるパワー、あらゆる功績、あらゆる成果、あらゆる成功に不可欠なものだ。

10　内なる世界が調和していれば、自分の思考の手綱を握れるので、たとえどんな経験をしようが、そこからどんな影響を受けるのかは自分で決められる。

11　内なる世界が調和していれば、人は楽天家になり、裕福になる。内面の豊かさが、やがて外の世界に富をもたらすからだ。

12　外の世界は、内なる意識の状況や状態を映し出している。

13　内なる世界の英知に気づけば、内なる世界で眠っている驚くべき可能性に気づくだろう。そして、その可能性を外の世界で証明するパワーを授かるはずだ。

14 内なる世界の英知を自覚するようになると、心の中でこの英知を手に入れられる。すると、必要なパワーと英知が実際に身につき、自分が調和の取れた完全な成長を遂げるのに必要な物事を明らかにできる。

15 内なる世界とは、パワーを持つ人たちが、勇気、希望、熱意、自信、信頼、信念といったものを生み出す実践的な世界だ。それらを生み出す中で、人は、ビジョンを描く優れた知性と、そのビジョンを実現する実践的なスキルを授かる。

16 人生とは、積み重ねていくものではなく、内包されていたものが展開していくものだ。外の世界で遭遇する物事はすべて、内なる世界ですでに持っていたものだ。

17 所有するすべてのものは、意識に基づいている。富の増加はすべて、蓄財意識のたまものであり、富の減少はすべて、失財意識の産物である。

18 心が効率よく働く鍵は、調和にある。不調和は混乱を生む。だから、パワーを手に入れたいなら、「自然の法則」と調和していなくてはならない。

19 私たちは客観的な心――顕在意識――を通して、外の世界と関わっている。脳は顕在意識を司《つかさど》る器官で、人は脳脊髄《のうせきずい》神経系を通して、全身のすべての部分と意識的にコミュニケーションを取っている。この神経系は、光、熱、におい、音、味といったあらゆる感覚に対応している。

20 顕在意識が正しく考えて真実を理解し、脳脊髄神経系を通して身体に送られた思考が建設的なものであるなら、その感覚は心地よく、なごやかなものとなる。

21 すると、強さや生命力といった建設的な力が体内に育まれる。ただし、苦悩、病気、不足、制限といった不和や不調和が人生に入り込むのも、顕在意識を通してなのだ。つまり、誤った考えを抱くと、顕在意識を通して、人は害をなす力と結びついてしまう。

22 私たちは主観的な心――潜在意識――を通して、内なる世界と関わっている。太陽神経叢《そう》（みぞおち）が、潜在意識を司る器官だ。交感神経系が、喜び、恐れ、愛、感情、呼吸、想像といった潜在意識にまつわるあらゆる現象を司っている。人が「宇宙意識」とつながり、宇宙が持つ無限の建設的な力と関わるのも、潜在意識を通してである。

23 人生の成功の大いなる鍵は、こうした二つの「存在の中心」を調整し、それぞれの

働きを理解することにある。この知識があれば、顕在意識と潜在意識を意識的に協調させて、有限の力と無限の力を調整できる。そうすれば、自分の未来の手綱を完全に握れるようになり、未来が、気まぐれで不確かな外部のパワーに翻弄《ほんろう》されることはなくなる。

24　誰もが同意している。宇宙全体に広がるただ一つの「原理」、もしくは「意識」が存在し、すべての空間を満たしている、と。その意識は、存在しているどの地点においても、基本的に変質することがない。この意識は全知全能であり、常に存在している。思考も物事もすべて、その意識の内側にある。すべてのものがそこに内包されているのだ。

25　思考できる意識は、宇宙に一つしかない。その意識が考えるとき、その思考は客観的なものとなる。この意識があまねく広がっているなら、個々の人間の中にも宿っているはずだ。個人は、「遍在する全知全能の意識」の現れに違いない。

26　思考できる意識は宇宙に一つしかないので、当然ながら、あなたの意識は「宇宙意識」と同一のものだ、ということになる。つまり、すべての心は一つなのだ。そう結論づけるほかない。

27 あなたの脳細胞の中で明確になる意識は、すべての人の脳細胞の中で明確になる意識と同一のものだ。個々の人間は、「宇宙意識」が個体化したものにほかならない。

28 宇宙意識は静的な、潜在的なエネルギーだ。ただ存在している。宇宙意識は個々の人間を通してしか姿を現せないし、個々の人間もまた、宇宙意識を通してしか姿を現せない。宇宙意識と人間は一つなのだ。

29 個人の思考能力とは、宇宙意識に働きかけ、それを顕在化させる能力である。人間の意識は、人間の思考能力の中にしか存在しない。心そのものは、かすかな静的エネルギーだとされているが、そこから心の動的な営みである「思考」が生まれる。心は静的エネルギーで、思考は動的エネルギー。状態は違うが、両者は同じものである。つまり、思考は、静的な心を動的な心に転換することで生じた波動なのだ。

30 あまねく広がる全知全能の宇宙意識は、あらゆる性質を宿しているので、個々の人間の中にも、あらゆる性質が潜在力として常に宿っているはずだ。だから、個人が何かを考えれば、思考はその性質にふさわしい形で具現化せざるを得ない。

31 つまり、あらゆる思考は原因であり、あらゆる状況は結果なのだ。したがって、望

ましい状況だけを生み出したいなら、思考の手綱を握ることが何より重要である。

32　すべてのパワーは内側からやってくるのだから、絶対に自分でかじ取りできる。そのためには、正しい原理を正確に知り、進んで活用する必要がある。

33　この法則を徹底的に理解し、自分の思考プロセスの手綱を握れるようになれば、どんな状況にも対応できるのは明らかだ。つまり、万物を司る全能の法則と、意識的に協調できるようになるのだ。

34　宇宙意識とは、存在するあらゆる原子の生命原理だ。あらゆる原子は絶えず、生命をさらに顕在化する努力をしている。すべての原子には知性があり、すべての原子が、自分が生まれた目的を果たそうとしている。

35　人類の大半は、外の世界を生きている。内なる世界の存在に気づいている人はほとんどいないが、外の世界をつくっているのは、内なる世界だ。要するに、内なる世界には創造力があり、外の世界で目にするものはすべて、あなたが内なる世界で創造したものなのだ。

36　外の世界と内なる世界の関係を理解すれば、パワーを手に入れられる、と気づくだろう。内なる世界は原因であり、外の世界は結果なのだ。結果を変えたいなら、原因を変えなくてはならない。

37　これはまったく新しく、毛色の違う考え方だ、とすぐにわかるだろう。大多数の人は、結果を変えようと、結果に働きかけている。これでは、悩みの形が変わるだけだとわかっていないのだ。不調和を取り除くには、その原因を取り除かなくてはならないが、原因は内なる世界でしか見つからない。

38　すべての成長は、内側から生まれる。これは、自然を見れば明らかなことだ。どんな植物も動物も人間も、この偉大なる法則を体現している。長年にわたる間違いは、強さやパワーを外の世界に求めてきたことにある。

39　内なる世界は宇宙の供給の泉であり、外の世界はそれが流れ込む場所だ。供給されたものを受け取れるかどうかは、「宇宙の泉」すなわち「無限のエネルギー」を認識できるかどうかにかかっている。個々の人間には、無限のエネルギーが流れ込んでいる。つまり、誰もがほかのすべての人と一つなのだ。

40　認識とは心のプロセスである。宇宙の泉を認識するプロセスは、個人と宇宙意識との相互作用だ。宇宙意識はあらゆる空間を満たし、生きとし生けるものに生命を吹き込む知性なので、このやりとりには「因果の法則」が働く。ただし、この因果の法則は、個人の心ではなく宇宙意識の中で生じたもので、客観的な能力というより無意識のプロセスである。その結果は、実にさまざまな状況や経験という形で現れる。

41　生命を表現するためには、心がなくてはならない。心がなければ、何一つ存在することはできない。存在するすべてのものは、この根源物質が顕在化したものである。万物は心という根源物質から創造され、絶えず再創造されている。

42　私たちは、心という自在に変形する物質でできた底なしの海に住んでいる。この根源物質は、絶えず生きて活動している。心は極めて繊細で、思考のプロセスに応じて形を変える。思考が鋳型《いがた》をつくると、心はその形で表現を始める。

43　覚えておいてほしい。活用しなければ、宝の持ち腐れだ。この法則を理解して活用すれば、貧困は豊かさに、無知は英知に、不調和は調和に、圧政は自由に変わる。物質的・社会的観点から見て、これ以上に素晴らしいことはない。

44 では、法則を活用してみよう。誰にも邪魔されず、1人になれる部屋を選ぼう。背筋を伸ばして楽に座ってほしい。ただし、何かに寄りかかったりしないこと。思考は自由にさまよわせて構わないが、15〜30分間、じっと姿勢を保つこと。身体の手綱を完全に握れるようになるまで、3〜4日、もしくは1週間ほど、これを続けてほしい。

45 かなり難しく感じる人も多いだろうが、楽にこなせる人もいるはずだ。次に進む準備を整えるには、身体の手綱をしっかり握ることが欠かせない。来週には、次のステップの指導に移るので、それまでの間に、このステップをマスターしておかなくてはならない。

1週目のレッスン——Q&A

1. 外の世界と内なる世界は、どのような関係にあるのか？
外の世界は、内なる世界を反映したものだ。

2. 所有しているすべてのものは、何に基づいているのか？
所有しているすべてのものは、意識に基づいている。

3. 個々の人間は、客観的な世界とどのように関わっているのか?
個々の人間は、客観的な心――顕在意識――を通して客観的な世界と関わっている。
脳は、顕在意識を司《つかさど》る器官だ。

4. 個々の人間は、どのように「宇宙意識」と関わっているのか?
個々の人間は、潜在意識を通して宇宙意識と関わっている。太陽神経叢《そう》(みぞおち)は、潜在意識を司る器官だ。

5. 宇宙意識とは何か?
宇宙意識とは、存在するあらゆる原子の生命原理だ。

6. 個人は、宇宙にどのように働きかけることができるのか?
個人は思考能力を使って、宇宙意識に働きかけ、宇宙意識を顕在化することができる。

7. そうした相互作用は何をもたらすのか?
原因と結果をもたらす。あらゆる思考は原因であり、あらゆる状況は結果だ。

8．どうすれば、円満で望ましい状況を手に入れられるのか？
正しく思考すれば、円満で望ましい状況を手に入れられる。

9．あらゆる不和、不調和、不足、制限の原因は何か？
誤った思考。不和、不調和、不足、制限は、誤った思考の結果である。

10．すべてのパワーの源とは何か？
すべてのパワーの源とは、内なる世界、宇宙の供給の泉、無限のエネルギーのことだ。個々の人間には、無限のエネルギーが流れ込んでいる。

2週目のレッスン　従うべき自然の法則

私たちの困難はおおむね、自分にとって本当に大切なことがわからない、考えがまとまらない、といったことに起因している。やるべきことは、自分が従うべき「自然の法則」を発見することだ。ゆえに、明晰《めいせき》な思考や道徳的な見識が、計り知れないほどの価値を持つのだ。あらゆるプロセスは――思考のプロセスでさえも――確かな基盤に基づいている。感性が鋭ければ鋭いほど、判断力が冴《さ》えていればいるほど、味覚が繊細であればあるほど、道徳感情が洗練されていればいるほど、知性が優れていればいるほど、志が高ければ高いほど、人生がくれる満足感は純粋で強烈なものとなる。

ゆえに、最高の思考を学ぶことは、至福の喜びをくれる。新たな解釈のもとで心のパワーやその活用法や可能性を学ぶことは、目を見張るような業績を上げたり、夢のような物質的進歩を遂げたりするより、はるかに素晴らしいことなのだ。思考はエネルギーだ。活発な思考は活発なエネルギーで、集中的な思考は凝縮されたエネルギーだ。明確な目的にフォーカスした思考は、パワーを生む。このパワーを活用しているのは、貧困や無欲の美徳を信じていない人たちだ。「そんなものは臆病者《おくびょうもの》の戯言《たわごと》だ」と、彼らは見抜いている。

このパワーを受け取って顕在化できるかどうかは、自分に宿る「無限のエネルギー」を認識できるかどうかにかかっている。これは、絶えず心身の創造を繰り返しているエネルギーで、どんなときも必要な形で、その人を通して姿を現せる状態にある。この真実をどの程度認識できるかによって、このエネルギーを人生で顕在化できる度合いも決まる。レッスン2では、このエネルギーを顕在化する方法を説明したいと思う。

1　心の働きは、顕在意識と潜在意識という二つの並行した活動形態《モード》によって生み出される。哲学者ドナルド・デイヴィッドソン教授は述べている。「心の活動の全領域を顕在意識の光で照らそうとする人は、宇宙をかすかな蠟燭《ろうそく》の光で照らそうとする人と、そう変わりはない」と。

2　潜在意識の多くのプロセスは規則正しく確実に遂行され、間違いの生じようがない。

潜在意識には、認識という営みに欠かせない機能が備わっているが、それがどのように働いているのか、私たちはまったく関知していない。

3 潜在意識は、通りがかりの親切な人のように、私たちの利益のために働き、備え、熟れた果実だけを手渡してくれる。だから、思考プロセスを徹底的に分析すれば、潜在意識が最も重要な心の現象を司っていることがわかるだろう。

4 シェイクスピアが、顕在意識にのぼらない大いなる真実をやすやすと認識できたのも、古代ギリシャの彫刻家ペイディアスが大理石やブロンズの像を彫ったのも、ラファエロが聖母マリアを描いたのも、ベートーベンが交響曲を生み出したのも、潜在意識を通してだった。

5 顕在意識に頼るのをやめればやめるほど、物事は楽に、完璧《かんぺき》に運ぶようになる。ピアノを弾く、スケートをする、タイプをたたく、優れた取引をする、といった行為を完璧にこなせるのは、潜在意識に頼っているからだ。ピアノで美しい曲を奏でながら、活発に会話を交わせるのも、潜在意識の偉大なパワーのなせる業《わざ》なのだ。

6 私たちがどれほど潜在意識に頼っているかは、誰もが知るところだ。思考が偉大で

あればあるほど、崇高であればあるほど、優れていればいるほど、明らかにそれは、人知の及ばない場所からもたらされている。人は生まれながらに機転、直感、芸術や音楽に対する美的センスに恵まれているが、それがどこからもたらされ、どこに宿っているのかは、誰も意識していない。

7　潜在意識には、莫大《ばくだい》な価値がある。潜在意識は人を奮い立たせ、警告してくれる。記憶の貯蔵庫から名前や事実や光景を引き出し、提供してくれる。私たちの思考や好みを導き、優秀な顕在意識でもこなせない複雑な課題を成し遂げてくれる。

8　人は、思い通りに歩くことができる。望めばいつでも腕を上げられるし、どんな対象にも思いのままに目や耳を向けられる。一方、心臓の鼓動や血液の循環を止めることはできないし、身長の伸び、神経や筋肉組織の形成、骨の増強といった重要な生命活動を止めることもできない。

9　この二つの営み――その時々の意志で自由にできる営みと、絶えず一定のリズムで繰り返される壮大な営み――を比べるなら、人は後者に畏敬《いけい》の念を抱き、その神秘を明らかにしたくなる。そして、後者が生命の維持に欠かせないプロセスだと気づくと、こう結論づけずにいられなくなるだろう。極めて重要なこれらの機能は、移ろいやすい外向きの意志の管轄から故意に遠ざけられて、不変で信頼できる内なるパワーの指揮下に置かれているのだ、と。

10 言うまでもないが、二つのパワーのうち、外向きの移ろいやすいパワーは「顕在意識」、または（外の事象に対処する）「客観的な心」と呼ばれている。内なるパワーは「潜在意識」、または「主観的な心」と呼ばれ、心の次元に対処するだけでなく、生命を維持する規則的な機能も司《つかさど》っている。

11 心の次元でのそれぞれの働きを明確に理解することは、ほかの基本原理を理解するのと同じくらい重要である。顕在意識は、五感を通じて認識したり働いたりすることで、外の世界の印象や事象に対処している。

12 顕在意識は識別する能力を持ち、選択の責任を負っている。また、（帰納的、演繹《えんえき》的、分析的、もしくは三段論法的な）推論の力を持っており、この力は高度に発達する可能性がある。顕在意識には意志が宿っており、その意志は、顕在意識からあふれ出すエネルギーに満ちている。

13 顕在意識は他人の心に影響を及ぼすだけでなく、潜在意識を指揮することができる。

それによって、顕在意識は、潜在意識の責任ある統治者兼守護者となるのだ。人生の状況をがらりと逆転させられるのは、こうした高次の意識の働きがあるからだ。

14　恐れ、不安、貧困、病気、不調和といった災いをなす物事に、人生を牛耳られてしまうことがある。その原因は往々にして、無防備な潜在意識が誤った暗示を受け入れてしまったことにある。世慣れた顕在意識なら、用心深い防護活動によって、そうした事態を上手に回避できる。偉大なる潜在意識の「門番」と呼ぶべき存在なのだ。

15　ある作家が、二つの意識の根本的な違いをこう表現している。「顕在意識とは推論する意志のことだ。潜在意識とは本能的な欲求、すなわち、過去の推論する意志の産物である」

16　潜在意識は、外からの情報でこしらえた前提をもとに、正確な推論を導く。前提が真実なら、潜在意識は非の打ちどころのない結論を導くが、前提や暗示が間違っている場合は、とんでもない事態を招く。潜在意識は、真実かどうか証明しようとはしない。潜在意識を誤った思い込みから守るのは、「門番」である顕在意識の役目なのだ。

17　潜在意識はどんな暗示も真実として受け入れ、その膨大な活動領域の全体において、直ちにその暗示に基づく行動を取る。顕在意識が潜在意識に与える暗示は、正しいことも間違っていることもある。間違っている場合は、存在全体が危険にさらされるだろう。

18　起きている間はずっと、顕在意識が働いていることが望ましい。「門番」が油断したり、さまざまな理由で冷静な判断ができなかったりした場合、潜在意識が無防備になり、あらゆる情報源からの暗示を受け入れやすくなる。パニックで興奮状態のときや、怒りの頂点にあるとき、無責任な群集心理に駆られたとき、激しい情熱を抱いたときは、とくに危険な状態だ。そんなときは潜在意識が、周りの人や状況からの恐れ、憎しみ、利己主義、貪欲《どんよく》、自己卑下といったネガティブな暗示を受け入れやすくなる。それはたいてい極めて不健全な影響をもたらし、心身を長期にわたって苦しめるだろう。したがって、潜在意識を誤った印象から守ることが何よりも重要なのだ。

19　潜在意識は、直感で認識する。だから、そのプロセスは迅速だ。顕在意識のようにゆっくりと推論することはないし、実のところ、そんな手段は取れない。

20　潜在意識は、心臓や血液と同じように、決して眠らないし休まない。潜在意識に、何かを達成するようただ語りかけるだけで、望ましい結果を生む力が作動し始めることがわかっている。つまり、潜在意識には、「全能の力」と触れ合うパワーの源があるのだ。潜在意識には、私たちが熱心に学ぶに値する、深遠な原理が宿っている。

21 この法則の働きは、実に興味深い。この法則を活用している人は気づくはずだ。厄介な会議に出かけても、事前に何かが起こって、問題の種《たね》が解消されていたりする。なぜかすべてが変化し、円満に収まるのだ。ビジネスで難題が生じても、先延ばしにする余裕があるから、そのうちよい解決策が現れる。すべてがうまく整うのだ。要するに、潜在意識を信じることを学べば、無限の資源を思いのままにできる。

22 潜在意識は、私たちの本質や志が宿る場所だ。芸術的、利他的な理想が湧き出す泉でもある。こうした天性のものは、生まれ持った本質を徐々に巧みにむしばんでいくプロセスによってしか損なわれない。

23 潜在意識は、反論や議論ができない。だから、間違った暗示を受け入れてしまったら、確実に覆す方法は、強力な逆の暗示を頻繁に繰り返すことだ。潜在意識は習慣を司る領域なので、そのうち新しく、健全な思考や生活習慣が身につくはずだ。どんな行動も何度も繰り返すうちに、無意識にできるようになる。あれこれ判断しなくても、潜在意識に深く刻み込まれている。それが健全で真っ当な習慣なら理想的だ。害になるものなら、潜在意識の全能の力を認識し、「今この瞬間は自由だ」と暗示をかけよう。潜在

意識は創造力を持ち、宇宙意識と一つなので、瞬く間に暗示の通り、あなたの心を自由にするだろう。

24 要約しよう。潜在意識の身体に対する働きは、生命を維持する規則的な営みを司ることだ。それは生命を守り、健康を回復させ、子孫を守る営みだ。「すべての生命を守り、状況をあまねく改善したい」という本能的な欲求も、潜在意識が司っている。

25 潜在意識は、心に対しては、記憶の貯蔵庫として働いている。潜在意識には、時空間にしばられずに、素晴らしい思考を伝えてくれるメッセンジャーが住んでいる。潜在意識は、独創力や人生を生きる建設的な力が湧き出す泉で、習慣を司る領域でもある。

26 スピリチュアルな面では、潜在意識は理想や志や想像力の源であり、私たちが宇宙意識を認識する回路でもある。この神聖な宇宙意識を認識すればするほど、パワーの源を理解できるようになる。

27 中にはこう尋ねる人もいるだろう。「潜在意識は、どうして状況を変えることができるのだろう?」。答えは、「潜在意識は、宇宙意識の一部だから」だ。一部は全体と、種類や質は同じであるに違いない。唯一の違いは、規模の差である。宇宙意識は、ご存

じのように、創造力を持っており、実のところ、宇宙で唯一の創造主だ。だとすれば、潜在意識も創造力を持っているに違いない。思考は心が司る唯一の活動なので、思考も当然ながら、創造力を持つに違いないのだ。

28　しかし、ただ漠然と考えるのと、意識的、体系的、建設的に思考のかじ取りをするのとでは大きく違う。意識的に思考するとき、人は心を宇宙意識と調和させ、無限の力と同調している。そして、最強の力である宇宙意識の創造のパワーを作動させている。これも、世の中のすべてのことと同じように、自然の法則に支配されている。この法則は「引き寄せの法則」と呼ばれ、次のように説明できる――心は創造力を持ち、思考の対象とおのずと相関関係を持ち、それを顕在化させる。

29　先週は、身体の手綱を握るための課題を与えた。それをマスターした人は、次のステップに進む準備ができている。今回は、思考の手綱を握る練習を始めよう。できれば、いつも同じ部屋で、同じ椅子を使って、同じ姿勢を取ってほしい。同じ部屋が使えない場合は、なるべくその条件に近い形で行うこと。前回と同じように、じっと姿勢を保ってほしいが、思考はすべて頭から追い出すこと。そうすれば、不安、気苦労、恐れといった思考をコントロールできるようになり、自分が望む思考だけを抱けるようになる。完全にマスターできるまで、この課題を続けてほしい。

30 この課題は、一度に短い時間しかできないだろうが、とても役に立つ。どれほど多くの思考が絶えず心の世界に入り込もうとしているか、実際に体験できるからだ。

31 来週は、もう少し面白い課題の手ほどきをする予定だが、まずは今週の課題をマスターする必要がある。

「原因と結果の法則」は、目に見える物質界でも、秘められた思考の領域でも、決してぶれない絶対的なものだ。心は、人格という内側の衣装も、境遇という外側の衣装も巧みに織り上げる名匠だ。

——ジェームズ・アレン（『新訳　原因と結果の法則』〈角川文庫〉著者）

2週目のレッスン——Q&A

1. 心の活動の二つのモードとは何か？
顕在意識と潜在意識。

2. 物事はどうすれば楽に、完璧《かんぺき》に運ぶようになるのか？

顕在意識に頼るのをやめればやめるほど、物事は楽に、完璧に運ぶようになる。

3. 潜在意識にはどんな価値があるのか？
計り知れないほどの価値がある。潜在意識は人を導き、警告してくれる。また、生命を維持するプロセスを司《つかさど》り、記憶の貯蔵庫の役割を果たしている。

4. 顕在意識はどんな働きをしているのか？
顕在意識は識別能力や推論の力を持っている。また、意志が宿る領域であり、潜在意識に印象を刻みつける力がある。

5. 顕在意識と潜在意識の違いはどのように表現されているか？
「顕在意識とは推論する意志のことだ。潜在意識とは本能的な欲求、すなわち、過去の推論する意志の産物である」

6. 潜在意識に印象を刻みつけるためには、どんな方法を取ればよいのか？
何がほしいか、心に語りかけること。

7. どんな結果が得られるのか？

その望みが前に進もうとする宇宙意識と調和していれば、望んだ結果を生み出す力が作動し始める。

8. この法則の働きは、どんな結果をもたらすのか？
心を支配している思い――心構え――に見合った状況が、環境に映し出される。

9. この法則は何と呼ばれているか？
引き寄せの法則。

10. この法則は、どのように説明されているか？
思考は創造のエネルギーで、思考の対象とおのずと相関関係を持ち、それを顕在化させる。

3週目のレッスン　無意識の練習

すでにお気づきのように、個々の人間は宇宙意識に働きかけることができる。そして、個人と宇宙意識の相互作用が、原因と結果を生み出している。つまり、思考が原因で、あなたが人生で経験することはその結果なのだ。だから、これまでの境遇や目の前の状況に不満を漏らしがちな人は、改めたほうがいい。状況を変え、望み通りにつくり変えられるかどうかは、あなた次第だからだ。

そのためには、どんなときも思いのままにできる心の資源に目を向けてほしい。衰えることのない真のパワーは、そこからやってくるのだ。自分のパワーを理解し、あきらめない限り、人生のどんな目標も必ず達成できる——そう実感するまで、この練習《レッスン》を続けてほしい。意識のパワーは常に、目的を持った意志を支える準備を整えているからだ。

思考や願いを、行動や出来事や状況として具現化しようと努めてくれている。

どんな練習でも最初のうちは、行動の一つ一つを顕在意識の思考が支配している。だが、習慣になると自動的に行えるようになり、それを司る思考も潜在意識の領域に移り、そのまま賢いかじ取りを続ける。自動的、もしくは無意識の行動になる必要があるのは、顕在意識がほかのことに対処できるようになるからだ。その後、新しい行動もまた習慣になり、自動的に、無意識にこなせるようになれば、顕在意識は細々《こまごま》とした仕事から解放されて、またほかの行動に対応できるようになる。これに気づけば、人生で遭遇するどんな状況にも対処できる、パワーの源にも気づくだろう。

1　顕在意識と潜在意識がやりとりするためには、それぞれに対応する神経系同士も同様のやりとりをする必要がある。インドの判事で作家でもあったトーマス・トロワードは、この相互作用を実現する素晴らしいメカニズムを、次のように説明している。「脳《のう》脊髄《せきずい》神経系は顕在意識を司る器官で、交感神経系は潜在意識を司る器官だ。脳脊髄神経系は、人が五感から意識的な知覚を受け取ったり、身体の動きをコントロールしたりする際の回路である。この神経系の中枢は脳にある」

2　「交感神経系の中枢は、胃の裏側あたりの『太陽神経叢《そう》』（みぞおち）と呼ばれる神

経細胞の集まりの中にある。交感神経系は、身体の生命機能を無意識に支える、潜在意識の活動を司る回路だ」

3　「二つの神経系をつないでいるのは迷走神経だ。迷走神経は脳脊髄神経系の一部として脳から胸部に及び、心臓や肺にも枝を伸ばして、最終的に横隔膜を通過する。そこで外膜を失って交感神経系の神経に統合されて、二つの神経系をつなぎ、人間の身体を一つにしている」

4　ご存じのように、すべての思考を受け取るのは、顕在意識を司る脳だ。思考はここでは、推論の力に支配されている。顕在意識が、その思考を真実だと納得すれば、それは潜在意識の脳である太陽神経叢《みぞおち》に送られ、私たちの血肉となって、現実として世の中に放たれる。そうなると、もはやどんな反論にも揺るがない。潜在意識は反論ができない。できるのは、行動することだけなのだ。潜在意識は、顕在意識が下した結論を、最終判断としてただ受け入れる。

5　太陽神経叢《みぞおち》は、身体の「太陽」にたとえられる。みぞおちは、身体が絶えず生み出しているエネルギーの供給センターだからだ。このエネルギーは現実のエネルギーなので、この太陽も実に現実的な存在だ。そして、このエネルギーは現実の神経によって身体の隅々に供給され、身体を取り巻く大気中に放たれる。

6 このエネルギーの放射がそれなりに強力だと、その人は「魅力的だ」と言われる。人間的魅力にあふれているのだ。そういう人は絶大なパワーを、よいことに使える。その人がいるだけで、近くで悩んでいる人たちの心が癒やされるのだ。

7 太陽神経叢《みぞおち》が活発に働き、生命やエネルギーや活力を身体のあらゆる部分や、出会ったすべての人たちに放射すれば、あたりは心地よい感覚に包まれる。身体全体が健康になり、出会った人たちはみな、楽しい気分で満たされる。

8 このエネルギーの放射が妨げられると、不快な感覚が生じ、身体の一部に供給される生命やエネルギーの流れが止まる。これが、人類のあらゆる不幸――心身の不調や環境の悪化――の原因である。

9 身体の不調が生じるのは、身体の太陽が、身体の隅々まで活性化する十分なエネルギーを生み出さなくなったからだ。心の不調が生じるのは、顕在意識が思考を支えるのに必要な生命力を、潜在意識から受け取れなくなったからだ。環境が悪化するのは、潜在意識と宇宙意識のつながりが断たれているからだ。

10　太陽神経叢《みぞおち》は、個人が宇宙意識と出会う場所だ。ここでは有限が無限になり、未創造のものが創造され、宇宙意識が個体化し、目に見えないものが見えるようになる。太陽神経叢《みぞおち》は生命が現れる場所であり、個人がこの太陽センターから生み出せる生命の量は無尽蔵だ。

11　このエネルギー・センターは、すべての生命と知性が触れ合う場所なので、全能である。ゆえに、達成するよう指示されたことは、どんなことでも達成できる。ここには、実は顕在意識のパワーが息づいている。潜在意識は、顕在意識が提案する計画やアイデアを実行できるし、必ず実行してくれる。

12　全身に生命とエネルギーを供給する、この「身体の太陽」の主《あるじ》は、実は顕在意識の思考だ。だから、私たちが抱く思考の質が、この太陽が放射する思考の質を決める。つまり、顕在意識が抱く思考の性質や特徴が、太陽神経叢《みぞおち》が放つ思考の性質や特徴を決め、結果的に、私たちが経験することの性質を決めるのだ。

13　したがって、やるべきことは自分の光を輝かせることだけだ。放射できるエネルギーが多ければ多いほど、望ましくない状況を、よりすばやく喜びと利益の源に変えられる。重要なことは、どうやってこの光を輝かせるか、どうやってこのエネルギーを生み出すか、である。

14 大らかな考えは太陽神経叢《みぞおち》を広げるが、とげのある考えは収縮させる。楽しい考えは太陽神経叢《みぞおち》を広げるが、不快な考えは収縮させる。勇気、パワー、自信、希望にまつわる思考はもれなく、それに見合った状態を生み出すだろう。太陽神経叢《みぞおち》の唯一最大の敵は恐れなので、自分の光を輝かせたいなら、恐れは絶対に打ち倒さなくてはならない。この敵を完全に倒し、排除し、永久追放しなくてはならないのだ。恐れは太陽を隠し、永遠の闇をもたらす暗雲だからだ。

15 人間が過去や現在や未来を怖がるのは、この恐れという悪魔のせいだ。敵ばかりか友達も自分自身も怖くなり、何もかも、誰も彼もが恐ろしくなる。恐れを上手に、完全に打ち倒せば、あなたの光が輝き始め、暗雲は消え去り、パワーとエネルギーと生命の源を見出《みいだ》せるだろう。

16 自分が無限のパワーと本当に一つだと気づけば、そして、実際に思考の力で逆境を覆し、無限のパワーを自覚することができれば、何一つ怖いものはなくなる。恐れは打ち倒され、あなたは本来の自分自身を取り戻せるだろう。

17　人が何を経験するかは、人生に対する心構えで決まる。何も期待しないなら、何も得られないだろう。多くを求める人は、さらに多くを受け取れる。世の中があなたに厳しいとしたら、自己主張ができていないから――それに尽きる。世間から厳しく批判されるのは、自分の意見を強く主張できない人だけだ。それなのに、多くの人は批判を恐れて、意見を言えなくなっている。

18　しかし、自分の身体に太陽があることを知っている人は、批判も何も恐れない。勇気と自信とパワーを放つことに大忙しだからだ。彼らは、心構え次第で成功できると見込んでいる。障害物を粉々に壊し、恐れが用意した疑念やためらいの溝をさっと飛び越えている。

19　健康、強さ、調和といったものを意識的に放射できると知っていれば、何も怖くない、と気づくだろう。私たちは、無限の力に触れているのだから。

20　こうした知識は、この情報を実際に活用してはじめて身につくものだ。アスリートが練習して力をつけるように、人は実践しながら学ぶものなのだ。

21 今から話すことはかなり重要なので、間違いなく伝わるように、幾通りかの方法で話したいと思う。あなたが信心深い人なら、「あなたは、自分の光を輝かせることができる」と言おう。物理科学を好む人なら、「あなたは、太陽神経叢《みぞおち》を目覚めさせられる」と伝えよう。厳密な科学的解釈を求める人なら、「あなたは、潜在意識に印象を刻みつけられる」と話そう。

22 それがどんな結果をもたらすかは、すでにお話しした通りだ。その方法に、あなたは今関心を寄せている。すでに学んだように、潜在意識は知性と創造力を持ち、顕在意識の意志に敏感に反応する。では、潜在意識に望ましい印象を刻みつける、最も自然な方法を教えよう。それは、あなたが願うものに意識を集中させることだ。そうすれば、潜在意識に印象を刻みつけられる。

23 これが唯一の方法ではないが、簡単で効果的で最も直接的な方法なので、最善の結果が得られる。これは多くの人が「奇跡だ」と感じるような、とてつもない結果をもたらす方法なのだ。

24 この方法を使って、偉大な発明家や資本家や政治家はみな、願望、信念、自信といったかすかな見えない力を、客観的な世界で、現実の、目に見える、形ある事実に変え

てきたのだ。

25　潜在意識は宇宙意識の一部で、宇宙意識は宇宙の創造原理だ。一部は全体と、種類や質は同じものに違いない。要するに、潜在意識の創造のパワーに制限はなく、どんな前例にもしばられない。その建設的な原理を活用してきた、既存のパターンなど存在しない。

26　潜在意識は顕在意識に敏感に反応することがわかっている。つまり、宇宙意識に宿る無限の創造のパワーを、個人の顕在意識がかじ取りできるのだ。

27　本書で提示する課題において、この原理を活用するときには、覚えておいてほしい。潜在意識がどのように望み通りの結果を出すべきか、あなたが説明する必要はない。有限のあなたが無限の力に知識を与えることはできないからだ。あなたは、ただ自分の望みを口にすればいい。それをどのように手に入れるかを語る必要はない。

28　あなたという回路を通して、未分化のものが分化される。この分化は、宇宙の根源物質が個人に注がれることで達成される。あなたがやるべきことは、望み通りの結果をもたらす原因を作動させた、と認識することだけだ。これが達成されるのは、宇宙意識は個人を通してしか活動できず、個人もまた、宇宙意識を通してしか活動できないからだ。個人と宇宙意識は一つなのだ。

29 今週の課題では、さらに一歩進んでもらいたい。じっと姿勢を保ち、思考をなるべく頭から追い出すだけでなく、リラックスして、自分を解放し、筋肉を正常な状態に戻してほしい。そうすれば、神経からあらゆるプレッシャーが取り除かれ、身体を疲労させている緊張も取り除かれる。

30 身体をリラックスさせることは、意志の自発的な行動だ。この行動に大きな価値があるのは、脳や身体への血液の循環がよくなるからだ。

31 緊張すると心が不安定になり、正常に働かなくなる。緊張すると、心配や気苦労、恐れ、不安が生じるからだ。心が自由な状態で機能を果たすためには、リラックスしていることが絶対に必要だ。

32 この課題をなるべく徹底的に、完璧《かんぺき》にこなしてほしい。すべての筋肉と神経をリラックスさせる、と心に決めよう。静かにくつろいで、自分自身や世界と調和している、と感じるまで続けてほしい。

33　そのうち、太陽神経叢《みぞおち》の機能が整い、あなたはその結果に驚くだろう。

3週目のレッスン――Q&A

1. 顕在意識を司《つかさど》る器官とは、どの神経系のことか？
脳脊髄《のうせきずい》神経系。

2. 潜在意識を司る器官とは、どの神経系のことか？
交感神経系。

3. 身体が絶えず生み出しているエネルギーの供給センターとは？
太陽神経叢《みぞおち》。

4. このエネルギーの供給を妨げるものは何か？
とげのある、批判的な、不調和な思考。とくに恐れ。

5. エネルギーの供給が妨げられると、何が起こるのか？

人類を悩ますあらゆる不幸が生じる。

6. このエネルギーの手綱を握り、指示を与えているものは何か？
顕在意識の思考。

7. 恐れを完全に取り除く方法とは？
すべてのパワーの真の源を理解し、認識すること。

8. 人生で経験することを決めるものは何か？
普段の心構え。

9. 太陽神経叢《みぞおち》を目覚めさせる方法とは？
人生で現実化させたい状況に、意識を集中させる。

10. 宇宙の創造の原理とは何か？
宇宙意識。

４週目のレッスン　豊かさの法則

では、今からレッスン４をご紹介しよう。このパートでは、あなたが考えていること、していること、感じていることが、なぜあなた自身をつくるのかをお話ししたい。思考はエネルギーで、エネルギーはパワーだ。ところが、世の中の宗教も科学も哲学も、エネルギー自体ではなく、エネルギーが顕在化したもの――結果だけ――に目を向けて、原因を無視したり誤解したりしている。

よいとか悪いとか、結果にラベルを貼って、原因のことは考えもしないのだ。だから、宗教には神と悪魔が存在し、科学には正と負が、哲学には善と悪が存在している。マスターキーはそのプロセスを覆し、原因だけに関心を向けている。受講生から届く手紙には、驚くような物語が綴《つづ》られている。彼らは、健康、調和、豊かさなど、繁栄と幸福に欠かせない多くのものをもたらす、原因を見出《みいだ》しつつある。

人生は表現の場であり、円満に建設的に自分を表現するのが私たちの仕事だ。悲しみ、苦悩、不幸、病気、貧困は必要のないものだから、人は常にそれらを排除しようとしている。しかし、排除するためには、あらゆる制限を突破し、超えていかなくてはならない。思考を強化し、思考から余計なものを取り除けば、不幸に毒される心配はない。「豊かさの法則」を理解すれば、すみやかに供給の源にたどり着けるだろう。つまり、運命、宿命、幸運の手綱を握るのは、船長が船を、機関士が列車を導くように、たやすいことなのだ。

1 あなたにとっての「私」とは、身体のことではない。身体は、「私」が目的を果たすための道具にすぎない。「私」は心を指すわけでもない。心は、「私」が考え、推論し、計画を立てるための、もう一つの道具にすぎない。

2 「私」とは、心と身体の手綱を握り、指示を与える何者かでなくてはならない。それは、心身が何をし、どのように行動するのかを決定する何者かだ。「私」の本質を理解できるようになれば、それまで知らなかったパワーの感覚を味わえるだろう。

3　あなたの人格は、無数の特徴や特性、習慣、性格からできている。これらは、あなたの過去の思考パターンの産物ではあるが、真の「私」とは何の関係もないものだ。

4　あなたが「私は思う」と言うとき、「私」は心に、思うべきことを告げている。「私は行く」と言うとき、「私」は身体に、行くべき場所を告げている。この「私」の本質はスピリチュアルなもので、真のパワーの源である。自分の本質を理解すれば、どんな人でも真のパワーを手に入れられる。

5　「私」に与えられている最も偉大な驚くべきパワーは考える力だが、建設的に正しく思考する方法を知っている人はほとんどいない。だから、月並みな結果しか得られないのだ。ほとんどの人は、自分本位な目的であれこれ思考している。心が未熟なら、それも当然だろう。心が成熟すれば、敗北の原因は自分本位な思考にある、と理解できる。

6　熟練した心は、理解している。すべての取引は、何らかの形で関わっている全員の得にならなくてはいけないし、誰かの弱さや無知や窮状につけ込んで儲《もう》けようという試みは、必ず自身の不利益として返ってくる、と。

7　そうなるのは、個人が宇宙の一部だからだ。ある部分が、別の部分を敵に回すことはできない。一方、それぞれの部分が繁栄するかどうかは、全体の利益を認識できるかどうかにかかっている。

8 この原理を認識している人は、人生で相当優位に立っている。彼らは、疲れ果てることがない。気まぐれな思考をさっと頭から追い出して、どんな対象にもすみやかに、これ以上ないほど集中できる。利益をもたらしそうにないことに、時間やお金を無駄にしない。

9 これができないとしたら、今まで必要な努力をしてこなかったからだろう。今こそ努力すべきときだ。そうすれば、努力に見合った結果が得られるだろう。意志を強化し、何かを達成するパワーを実感したいなら、最強の肯定的な自己暗示《アファメーション》がある。それは、「私はなりたいものになれる」だ。

10 このアファメーションを繰り返すたびに、「私」とは誰で、何者なのかを認識してほしい。「私」の本質を、徹底的に理解する努力をしてほしいのだ。そうすれば、あなたは無敵になれる。ただし、あなたの目標や目的が建設的なもので、宇宙の創造の原理と調和していなくてはならない。

11　このアファメーションを活用するなら、朝に晩にと継続的に唱えてほしい。昼間も思いつくたびに唱え、あなたの一部となって習慣化するまで続けてほしい。

12　それができないなら、最初から手を出さないほうがいい。現代心理学によると、何かを始めたのにやり遂げない、決心したのに続けない、という場合は、失敗癖がついてしまう。必ず屈辱的な失敗を遂げるようになるという。だから、やる気がないなら、始めてはいけない。いったん始めたら、たとえ世界が滅んでもやり遂げなくてはいけない。何かをやると決めたら、やること。何にも、誰にも邪魔させてはならない。あなたの中の「私」が決定したのなら、事は決まりだ。賽《さい》は投げられたのだから、もう議論の余地はない。

13　この法則を実践するなら、自分で手綱を握れる小さなことから始め、次第に取り組みを増やしていくとよいだろう。どんな状況においても、「私」が決めたことを覆してはいけない。それを守っていれば、いずれ自分自身の手綱を握れるようになる。多くの人は、悲しいことに、自分自身を支配するより、王国を支配するほうがたやすいと気づいている。

14　しかし、自分自身の手綱を握れるようになれば、「内なる世界」を発見するだろう。

その世界が、外の世界を支配している。内なる世界を発見したあなたは、人を引きつけてやまない魅力的な存在になり、努力しなくても、あなたのどんな願いにも、人や物事が応《こた》えてくれるようになる。

15 これは、見かけほど不思議なことでも不可能なことでもない。ご存じのように、「内なる世界」を支配しているのは「私」であり、この「私」は無限の「私」の一部、もしくは、無限の「私」と一つなのだから。無限の「私」とは宇宙エネルギー、もしくは、通常「神」と呼ばれる目に見えない《スピリット》力のことである。

16 これは、ある考えの確認や証明のために構築された言葉や理論ではなく、最高の宗教思想や科学思想に受け入れられてきた事実なのだ。

17 作家で哲学者のハーバート・スペンサーは言った。「私たちを取り巻くあらゆる神秘の中で何より確かなことは、私たちが常に、万物を生み出す無限で不滅のエネルギーと共に在ることだ」

18 神学者のライマン・アボットは、バンゴー神学校の卒業生を前に、次のように演説した。「私たちは神を、外から人間に働きかける存在ではなく、人間の中に宿る存在だ

と考えるようになりました」

19　科学はほんの少し探求し、そこで歩みを止めている。科学は絶えず存在する不滅のエネルギーを発見したが、宗教はそのエネルギーの背後にあるパワーを発見し、それを人間の内側に見出した。しかし、これは決して新しい発見ではない。聖書はそれとまったく同じことを、同じようにわかりやすく、説得力のある言葉で述べている。「汝《なんじ》らは、自らが生ける神の神殿であることを知らないのか？」と。ここに、「内なる世界」の素晴らしい、創造のパワーの鍵《かぎ》がある。

20　ここにパワーの鍵が、パワーを使いこなす鍵がある。何かに打ち勝つことは、貧しく生きることではない。欲を持たないことが成功ではないのだ。手に入れなければ人に与えることはできないし、自分が強くなければ人を助けることもできない。無限の力は破産しないのだから、無限の力の表現者である私たちも破産するはずがない。他人の役に立ちたいと願うなら、さらに多くのパワーを持たなくてはならないが、パワーを得るためには、パワーを与えなくてはならない。私たちは、人の役に立たなくてはならないのだ。

21　与えれば与えるほど、多くを得るだろう。私たちは、宇宙意識が活動を表現する回路にならなくてはいけない。宇宙意識は絶えず自分を表現し、人の役に立つことを目指しているので、最大の活動ができる回路を探している。最高の善をなし、人類に最大の貢献をするために。

22 あなたが自分の計画や目的に忙殺されている限り、宇宙意識はあなたを通して自分を表現できない。感覚を静め、インスピレーションを求めよう。自分の内側に意識を集中させて、全能の宇宙と一つなのだ、という意識に浸ろう。「静かに流れる川は深い」と言われる。遍在するパワーのスピリチュアルな導きで手に入れられる、数多《あまた》のチャンスを静かに思い描こう。

23 こうしたスピリチュアルな導きによって実現しそうな出来事、環境、状況をありありと思い描こう。あらゆる物事の本質や魂がスピリチュアルなものであること、スピリチュアルなものが実在することを認識してほしい。それが万物の生命だからだ。魂《スピリット》が消えると、生命は消える。死を迎え、消滅してしまう。

24 こうした心の活動は内なる世界、すなわち、原因の世界にまつわるものだ。この活動によって生まれた状況や環境が、結果である。あなたはこうして創造主となるのだ。これは重要な仕事だ。あなたが抱く理想が高ければ高いほど、崇高であればあるほど、

立派で気高いものであればあるほど、この仕事の重要性は高まる。

25 働きすぎ、遊びすぎ、どんな活動であれやりすぎは、無気力や心の不調につながり、意識のパワーを現実化するさらに重要な仕事を妨げる。だから人は、たびたび静寂を求めるべきなのだ。パワーは休息から生まれる。人は静寂に包まれると、穏やかになれる。穏やかになれば、考えられる。思考はあらゆることを達成する鍵なのだ。

26 思考は運動の一形態で、光や電気と同じように「波動の法則」に支えられている。思考は、「愛の法則」を通して感情から生命力をもらい、「成長の法則」を通して形をなし、表現される。そして、スピリチュアルな「私」が生み出したものだから、思考は神聖で、スピリチュアルで、創造的な性質を持っている。

27 明らかなことは、パワーや豊かさをはじめ、建設的な目的を形にするには、感情を呼び覚まさなくてはならないことだ。思考を具現化するには、思考に感情を吹き込まなくてはならない。どうすればこの目的を果たせるのだろう？　ここが肝心なところだ。どうすれば偉業の達成につながる、信念、勇気、感情を育《はぐく》めるのか？

28 答えは、訓練することだ。メンタルの力は、体力とまったく同じ方法――訓練――

によって身につく。何かを思考するのも最初はうまくいかないだろうが、二度目は楽にこなせるはずだ。そして、同じことを繰り返し考えるうちに、それは心の習慣になり、自動的な思考となって、もはやそう考えずにはいられなくなる。その頃には、自分の考えに自信が持てるようになり、疑念は消えている。確信し、「知っている」状態になるのだ。

29 先週は、リラックスし、身体を解放するようお願いした。今週は、心を解き放ってもらいたい。先週の課題を、指導された通りに1日15〜20分練習した人は、身体をリラックスさせられるだろう。それを意識的に、すばやく、完璧《かんぺき》にできない人は、まだ自分自身の手綱を握れていない。まだ自由を獲得できず、状況に翻弄《ほんろう》されている。しかし、あなたがこの課題をマスターし、次のステップに移る準備が整ったものとして話を進めよう。次は、心の自由に取り組んでいく。

30 今週は、まずいつもの姿勢を取ったあと、完全にリラックスすることで緊張をすべて取り除こう。それから、心の中のありとあらゆるネガティブな感情——憎しみ、怒り、不安、妬《ねた》み、嫉《そね》み、悲しみ、苦しみ、失望など——を手放そう。

31 「手放す」なんて無理だ、と言う人もいるだろう。だが、できるのだ。「手放す」と

心に決め、強い意志で粘り強く取り組むことで、必ず手放せる。

32 これができないとしたら、知性ではなく感情に支配されることを許しているからだ。しかし、知性に導かれれば成功する。世の中のどんなことも同じだが、最初はうまくいかなくても、訓練するうちに完璧にできるようになる。こうしたネガティブで有害な思考を退け、排除し、完全に駆逐しなくてはいけない。こうした感情は、常にあらゆる不協和音をもたらす種だからだ。

自分が抱く思考の質は、外界に現れるものと相関関係にある——これ以上の真実はない。これは逃れようのない法則である。そして、思考と物事に相関関係があるというこの法則のおかげで、人々ははるか昔から神の摂理を信じることができたのだ。

——ヘレン・ウィルマンズ（米国の作家・ジャーナリスト）

4週目のレッスン——Q&A

1．思考とは何か？
思考とは、スピリチュアルなエネルギーだ。

2. 思考は何に支えられているのか？
「波動の法則」に支えられている。

3. 思考に生命力を吹き込むものは何か？
愛の法則。

4. 思考は何によって形をなすのか？
成長の法則。

5. 思考の創造のパワーの鍵はどこにあるのか？
スピリチュアルな活動にある。

6. どうすれば偉業の達成につながる、信念、勇気、感情を育めるのか？
自分のスピリチュアルな本質を認識すること。

7. パワーの鍵とは何か？
人の役に立つこと。

8. それはなぜか？
人は、与えるものを受け取るからだ。

9. 「静寂」とは何か？
物理的な静けさ。

10. 静寂は何の役に立つのか？
静寂は、自分の手綱を握る第一歩だ。

5週目のレッスン　思考から現実へ

では、今からレッスン5をご紹介しよう。このパートを丁寧に学んだら、あらゆる力、物体、事実は、心の働きの結果だとわかるだろう。心の働きとは思考のことであり、思考は創造力を持っている。人間は今、かつて経験したことのない思考をしている。ゆえに、今は創造の時代であり、世界は思考する人たちに最大のご褒美を与えている。

物質は無力で、受け身で、自ら動くことはない。一方、心は力で、エネルギーで、パワーだ。心が物質を形づくり、物質を支配している。物質が取るどんな形も、かつて誰かが思い描いた思考の現れである。しかし、思考は、魔法で物質を変容させるわけではない。自然の法則に従っているだけだ。自然の力を動かし、自然のエネルギーを解き放っているのだ。思考はあなたの行為や行動に現れ、それが、あなたの友人や知人、ひいては周りの環境すべてに影響を及ぼしている。

あなたは思考を生み出せる。そして、思考は創造力を持つので、あなたは望み通りのものを自力で創り出すことができるのだ。

1　人間の心の少なくとも90パーセントは潜在意識だから、このメンタル・パワーを使えない人は、相当狭いところに閉じ込められて暮らしている。

2　潜在意識は、私たちが手綱の握り方さえ知っていれば、どんな問題でも解決できるし、してくれる。潜在意識のプロセスは、常に働いている。ただし、それを知ると、一つ疑問がわいてくる。人間は潜在意識に対して受け身でいるしかないのか、それとも意識的にその活動を指揮できるのか？　私たちは到達すべき目的地や、避けるべき危険のビジョンを持てるのか、それとも、ただ漂流するしかないのか？

3　ご存じのように、潜在意識は身体のすべての部分に行き渡っている。そして常に、心の客観的でより支配的な部分――顕在意識――の力によって導かれたり、印象を刻みつけられたりする可能性がある。

4　身体の隅々まで浸透している潜在意識は、おおむね遺伝の産物である。遺伝とは、過去の全世代の環境に対する反応が蓄積されたものにすぎない。それを理解すれば、望ましくない性格が現れつつあるのに気づいても、自分の力で対処することができる。

5　自分に備わっている望ましい性格を、意識的にすべて活用することはできるし、望ましくない性格が現れるのを抑えたり、拒んだりすることもできる。

6　先ほどお伝えしたように、身体に浸透している潜在意識は、おおむね遺伝の産物であるが、家庭や職場や社会といった環境の産物でもある。

7　人は環境から、印象やアイデア、先入観、よく似た思考といったものを無数に受け取っている。そのほとんどは他人から受け取ったもので、誰かの意見や提案、発言の産物である。それらは、自分自身の思考の産物だとも言えるが、その大半は、ろくに吟味や検討をしないまま受け入れたものだ。

8　ある考えがもっともらしく思えると、顕在意識が受け取って、潜在意識に引き渡す。すると、その考えは交感神経系に取り込まれ、その後、身体に組み込まれる。「言葉が血肉となった」のである。

9　人は絶えずこのように、自分自身を創造・再創造している。今日の自分は過去の思考の産物であり、今日考えていることが、未来の自分をつくる。「引き寄せの法則」は私たちに、ほしいものや願っている物事や他人が持っている何かを届けてくれるわけではない。届くのはまさに「自分自身」だ。意識していようがいまいが、自分が思考によって創造した物事がもたらされる。残念ながら、多くの人は、そんな無意識の創造をしている。

10　あなたが家を建てるとしたら、きっと入念に計画を立てるだろう。すべてを事細かに調べ、材料をしっかり確認し、何もかも最高のものだけを選ぶはずだ。ところが、「心の家」を建てるときには、何と無頓着《むとんちゃく》なことだろう。心の家は、物質的な家よりはるかに重要なのに。人生に何が入ってくるかは、「心の家」を建てるときに使う材料の質によって決まる。

11　材料とは、何のことだろう？　それは過去に積み重ね、潜在意識にため込んだ印象のことだ。それが恐れや心配、気苦労や不安、もしくは、失望や否定や疑念に満ちたものなら、私たちが今日建てている家も、同じく質の悪いものになるだろう。そういう家は役に立つどころか、やがてカビが生えて腐ってしまい、さらなる苦労や不安をもたらすだろう。そうなると、永遠に修理をしたり、きれいに見せかけたりする作業に追われる羽目になる。

12 しかし、勇敢な思考だけを蓄えて、楽天的にポジティブに暮らし、ネガティブな思考は迷わずゴミ箱行きにして、一切の関わりを断ち、共鳴することを拒んだら、どんな結果が待っているだろう？　心の家の材料は、最高級のものになる。そうすれば、望み通りの材料を使って、思い通りの色を塗ることができる。信頼できる丈夫な材料で、色《いろ》褪《あ》せもしないとわかっているから、未来に恐れや不安を抱く必要もない。覆わなくてはならないところも、継ぎはぎで隠すものもない。

13 これらは心理学的な事実だ。思考プロセスについて、憶測や当て推量で語っているわけではないし、そこには何の秘密もない。実際、あまりに明白なので、誰でも理解できるはずだ。やるべきことは、心の家を掃除すること。毎日掃除して、家をきれいに保つことだ。どんな進歩を遂げるにしても、自分の心を、モラルを、身体をきれいにしておくことは、絶対に不可欠なのだ。

14 心の家の掃除が終わったら、そこに残された材料は、私たちが形にしたい理想やイメージを具現化するのに打ってつけだろう。

15　素晴らしい地所が、誰かが権利を主張するのを待っている。そこには作物が豊かに実り、川が流れ、美しい木々が茂る広大な土地が、見渡す限り広がっている。明るく広々とした邸宅は、貴重な絵画や豊富な蔵書、高価な壁掛けで心地よく、ぜいたくにしつらえてある。相続人がやるべきことは、相続権を主張し、この地所を手に入れて、使うことだけだ。相続した人はこれを使わなくてはならず、朽ち果てさせてはいけない。使うことが所有の条件であり、放置すれば失うことになる。

16　心や目に見えない力《スピリット》の世界、実践的なパワーの世界では、こうした地所があなたのものになる。あなたが相続人なのだ！　あなたは相続権を主張し、このぜいたくな遺産を手に入れて、使うことができる。環境を支配できるパワーが手に入るのだ。健康、調和、繁栄は、資産として貸借対照表《バランスシート》に記されている。この地所は心の平和と安らぎをくれる。あなたが支払うコストは、この素晴らしい資源について学び、収穫するという手間だけだ。制限と隷属と弱さを手放すこと以外、何一つ失うものはない。あなたには、自尊心と統治権が与えられる。

17　この地所を手に入れるためには、三つのプロセスを踏む必要がある。まず、それがほしい、と心から願わなくてはならない。次に、手に入れる権利を主張しなくてはならない。そして、手に入れなくてはならない。

18　どれも厄介な条件ではない、とわかるだろう。

19　あなたは、「遺伝」というテーマに親しんでいることだろう。ダーウィン、ハクスリー、ヘッケルをはじめとした生物学者たちは、「遺伝は、漸進的な創造を支える法則だ」という証拠を山のように積み上げてきた。人間は遺伝による漸進的な進化によって、直立姿勢を取り、動く力を手に入れ、消化器官、血液の循環、神経の力、筋肉の力、骨格をはじめ、肉体面でのさまざまな能力を与えられてきた。心の力の遺伝については、さらに目を見張るような数々の事実がある。今お話ししたすべてが、人間の遺伝と呼ぶべきものを構成している。

20　しかし、生物学者がまだ理解していない遺伝がある。それは、彼らのどんな研究より古くから存在している。生物学者たちが「この現象を説明できない」と降参するとき、そこには、この神聖な遺伝の力が働いている。

21　それは、ありとあらゆる新たな創造を命じる、恵み深い力のことだ。その力は、宇宙意識からすべての存在に直接流れ込み、生命を生み出している。こんなことは、生物学者にもできない。それは近寄り難い至高の力の中でも群を抜くパワーで、人間の遺伝は到底そこには及ばない。

22　無限の生命は、あなたの中を流れている。無限の生命とは、あなたのことなのだ。無限の生命が流れ込む扉は、あなたの意識の中にある。その扉を開けておくことがパワーの鍵《かぎ》だ。扉を開けておく努力をする価値が、あるのではないだろうか？

23　重要な事実を言おう。すべての生命とすべてのパワーの源は、内側にある。人や状況や出来事は、必要なことやチャンスを教えてくれるが、そうしたニーズに応《こた》える洞察力や強さやパワーは、内側にある。

24　見かけを取り繕うのはやめよう。宇宙意識から直接流れ込んでくる材料を使って、意識の確かな基盤を築こう。宇宙意識とは、あなたを通して顕在化している無限の源のことである。

25　この遺産を手にした人たちは、以前と同じではいられない。夢にも思わなかったようなパワーの感覚を持つようになる。内気で弱い性格や、優柔不断で臆病《おくびょう》な態度は消え去り、全能の宇宙と永遠のつながりを築き始める。彼らの中で何かが目覚め、それまで無自覚だったとてつもない潜在能力に、突然気づくことになる。

26 このパワーは内側からやってくるが、与えない限り、受け取ることはできない。使うことが、この遺産を所有する条件なのだ。私たちは別個の人間だが、一本の回路でもある。全能のパワーは、その回路を使って枝分かれし、それぞれの形をつくる。与えない限り、回路が詰まって、それ以上受け取ることはできない。どんな存在の次元でも、どんな活動や仕事の分野でも、同じことが言える。人は与えれば与えるほど、多くを受け取れるのだ。力をつけたいアスリートは、今ある力を使わなくてはならない。与えれば与えるほど、力がつくだろう。お金を儲《もう》けたい投資家は、今あるお金を使わなくてはならない。お金を使わない限り、さらに儲けることはできないからだ。

27 起業家は商品を売り続けなければ、そのうち何も入ってこなくなる。効率的なサービスを提供できない会社はやがて顧客を失い、結果を出せない弁護士も遠からず依頼人を失うから、これはあらゆる分野に当てはまる。パワーを増やしたいなら、すでに持っているパワーを正しく使わなくてはならないのだ。どんな活動分野にも、どんな人生経験にも当てはまることは、すべてのパワーの源であるスピリチュアル・パワーにも当てはまる。魂《スピリット》を取り除いたら、そこに何が残るだろう？　何も残らない。

28　魂《スピリット》が存在するもののすべてなら、その事実を認識しているかどうかが、身体面、メンタル面、スピリチュアルな面でパワーを発揮できるか否かを決める。

29　すべての財産は、蓄財の心構え、つまり「お金の意識」のたまものである。お金の意識は、成功のためのアイデアを受け取れるよう導いてくれる魔法の杖《つえ》で、そのアイデアが、実行すべき計画を立ててくれる。それを実行する喜びは、目標を達成する満足感に負けないほど大きなものとなるだろう。

30　では、部屋へ行き、いつもの椅子に座って、いつもの姿勢を取ろう。そして、楽しい気分になれる場所を思い浮かべてほしい。ありありとイメージすること。建物、地面、木々、友人たち、人間関係、すべてをしっかりと目に浮かべてほしい。最初は、イメージしたい理想の光景以外の、さまざまなものが頭に浮かぶだろう。だが、がっかりしないでほしい。粘り強く取り組めば、必ず成功する。ただし、そのためには、この課題を毎日確実にこなさなくてはならない。

5週目のレッスン――Q&A

1. 潜在意識は、心の営みのどれくらいの割合を占めているのか？

少なくとも90パーセントを占めている。

2. この膨大な心の貯蔵庫は通常、活用されているか？
活用されていない。

3. それはなぜか？
自分で意識的に導くことのできる営みだ、と理解し、認識している人がほとんどいないからだ。

4. 顕在意識は、その支配的な性質をどこで身につけたのか？
遺伝によるものだ。それは過去の全世代の環境の産物である。

5. 引き寄せの法則が、私たちにもたらすものとは？
自分自身。

6. 自分自身とは何のことか？
自分が本質的に何者であるか。自分自身とは、意識的であろうとなかろうと、自分が過去に抱いた思考の産物だ。

7. 「心の家」の材料とは何か？
自分が抱いている思考。

8. パワーの鍵とは何か？
宇宙にあまねく浸透している全能の意識を認識すること。

9. その意識はどこから生まれるのか？
すべての生命とパワーは、内側から生まれる。

10. パワーを所有できるかどうかは、何に左右されるのか？
すでに持っているパワーを正しく使えるかどうかに左右される。

6週目のレッスン　集中力を鍛える

レッスン6をご紹介できることを、とても光栄に思う。このパートを学べば、人類がこれまでに開発した最高のメカニズムを深く理解できるだろう。このメカニズムを活用すれば、「健康」「強さ」「成功」「繁栄」など、あなたが望むどんな状況でも創り出すことができる。必要なことは、「ほしい」と要求することだ。要求は行動を生み、行動は結果を生む。進化のプロセスは常に、今日を土台に明日をつくる。個人の発展も、宇宙の進化と同じように、少しずつ能力や容量を広げ、徐々に進んでいくはずだ。あわてて前に進もうと他人の権利を侵害すれば、モラルのない輩《やから》として、至るところで面倒に巻き込まれるだろう。成功は、「最大多数に最大の善をなす」という至上のモラルを守れるかどうかにかかっているのだ。

胸に志や願いを抱き、常に円満な人間関係を保つことがよい結果をもたらすだろう。何より足を引っ張るのは、誤った固定観念にしばられることだ。永遠の真実と調和したいなら、心の中が穏やかに調和していなくてはならない。情報を受け取りたいなら、受信者は発信者の波長に合わせる必要がある。

思考は心の産物で、心には創造力がある。だが、宇宙が私たちや私たちの考えに合わせて、やり方を変えてくれるわけではないから、私たちのほうが、宇宙意識と円満な関係を築く必要がある。それができれば、宇宙に何を願っても構わないし、道は明らかに示されるだろう。

1　宇宙意識は驚くべきものなので、その実用的なパワー、可能性、無限の創造力を理解するのは難しい。

2　宇宙意識はすべての知性であるだけでなく、すべての物質でもあることがわかっている。では、それをどのように、私たちが望む特定の形――特定の結果――に変えられるのだろう？

3　電気技師に、電気の働きについて尋ねると、きっとこう答えるだろう。「電気は動

くエネルギーで、その働きは、接続されるメカニズムによって変わります」と。接続されるメカニズムによって、熱、光、動力、音楽など、人がこの重要なエネルギーを手にするときの形態が変わる。

4　では、思考はどんな働き（結果）を生み出すのだろう？　思考は、（風が動く空気であるように）動く心だ。だから、その働きは、接続されるメカニズムによって大きく変わる。

5　ここに、あらゆるメンタル・パワーの鍵《かぎ》がある。メンタル・パワーがもたらす結果は、接続するメカニズムによって、大きく変わるのだ。

6　このメカニズムとは何だろう？　あなたも、エジソンやベル、マルコーニといった電気の魔術師たちが発明し、時空間の概念を一変させたメカニズムについてはある程度知っているだろう。だが、あなたに授けられているメカニズムについて、ゆっくり考えてみたことはあるだろうか？　それは、エジソンより偉大な発明家が生み出した、「宇宙に遍在する潜在能力」を変容させるメカニズムだ。

7　私たちは、畑を耕す道具のメカニズムを調べ、自動車のメカニズムを理解しようとはするが、この世に誕生した最も偉大なメカニズムについては、知らないままで満足している。それは、人間の脳のことである。

8 このメカニズムの不思議を、一緒に調べてみよう。そうすれば、このメカニズムが引き起こすさまざまな結果を、さらによく理解できるだろう。

9 まず、脳には、私たちが住んでいる偉大な心の世界が存在している。この世界は全知全能で、宇宙にあまねく広がっている。その世界は、私たちの願いに応《こた》えてくれるが、どこまで応えてくれるかは、こちらの目的や信念次第だ。目的は、存在の法則に従って、創造的もしくは建設的なものでなくてはならないし、信念は、目的を実現する流れを生み出せるほど強いものでなくてはならない。「信じる者は、どんなことでもできる」という聖書の言葉は、科学的検証に耐え得るものだ。

10 外の世界に現れる結果は、個人と宇宙意識の相互作用――すなわち、思考プロセス――の産物だ。このプロセスは、脳という器官を通して遂行される。この奇跡のすべてに思いを馳《は》せてみよう！　あなたは音楽や、花や、文学が好きだろうか？　あるいは、古代や現代の才人の思想から、インスピレーションをもらっている？　覚えておいてほしい。あなたが反応する素晴らしいものはどれもこれも、あなたが愛《め》でる以前から、脳

内に大まかな輪郭が存在したに違いないのだ。

11　自然の貯蔵庫にあるもので、脳が表現できない美徳や原理は一つもない。脳とは、常に必要に応じて成長する準備ができている、胎児のような世界だ。これが科学的事実で、素晴らしい自然の法則の一つだ、と理解できれば、驚くべき結果をもたらすこのメカニズムを理解しやすくなるだろう。

12　人間の神経系は、電力を生み出す電池のついた電気回路にたとえられる。そして、神経系の白質（訳注　神経線維が集まった白色部分）は、電流が流れる絶縁電線にたとえられる。すべての衝動や願望は、こうした回路を通して脳というメカニズムに送られる。

13　脊髄《せきずい》は素晴らしい感覚経路で、身体と脳のメッセージのやりとりは、脊髄を通して行われる。また、静脈と動脈を通して遂行される血液の供給が、全身にエネルギーを補給し、体力を回復させる。そして、完璧《かんぺき》に整った骨格が全身を支え、最後に、きめ細かく美しい肌が、メカニズム全体を包み込む。

14　これが「生ける神の神殿」であり、その統治権は個々の「私」に与えられている。自分の掌中にあるこのメカニズムを本人が理解しているかどうかで、結果は大きく違っ

てくる。

15　あらゆる思考が、脳細胞を作動させる。最初は、身体はうまく反応しないかもしれないが、思考が十分に洗練され、一点に凝縮されると、やがて身体物質が生み出され、完璧に自分を表現し始める。

16　このように、心は身体のあらゆる部分に影響を及ぼし、望ましくない結果を取り除くことができる。

17　心の世界を司《つかさど》る法則を完璧に理解すれば、ビジネスの取引において、計り知れないほどの恩恵を被るだろう。判断力が養われ、事実を明確に理解し、認識できるようになるからだ。

18　外の世界ではなく内なる世界に目を向ける人は、いずれ人生の進路を決める強力な力を活用できるようになるだろう。その力のおかげで、最善、最強で、最も望ましいあらゆるものと共鳴共振できるようになる。

19　心の能力を育《はぐく》む何よりも重要な要素はおそらく、注意もしくは集中の力だ。注意を正しく向けたときの可能性は驚くべきものなので、このメカニズムを理解していない人には信じられないだろう。すべての成功者に顕著な特徴は、注意の力を養っていることだ。これは、個人が身につけられる最高の素養なのだ。

20 注意のパワーは、太陽の光を集めたときの虫眼鏡にたとえるとわかりやすいだろう。虫眼鏡を動かして太陽の光をあちこちに向けている限り、特別な力が宿ることはない。ところが、虫眼鏡を少しの間じっと動かさず、光を一点に集中させると、瞬く間に効果が現れる。

21 思考のパワーも同じだ。思考をあちこちにさまよわせてパワーを分散させると、何の結果も得られない。だが、注意、もしくは集中力を使って、少しの間、パワーをある目的に集中させると、不可能なことはなくなる。

22 思考を集中させることは「極めて複雑な状況への極めて単純な解決策だ」と言う人もいる。明確な目標や対象に思考を集中させた経験がない人こそ、ぜひやってみてほしい。何か一つ対象を選び、明確な目的を持って、たとえ10分間でも意識を集中させてみるのだ。おそらく、うまくできないだろう。心が何度もさまよって、当初の目的に引き戻さなくてはならないだろう。そのたびに効果が失われ、10分たっても何も得られない

はずだ。思考を目的に集中させられなかったからだ。

23 しかし、この先どんな障害物が現れようと、最終的に乗り越えられるのは、注意の力があってこそだ。この素晴らしいパワーを手に入れるただ一つの方法は、練習すること。世の中のどんなことも同じだが、練習すれば完璧にできるようになる。

24 注意のパワーを養うために、誰かの顔写真を1枚持っていつもの部屋に入り、いつもの椅子に座って、いつもの姿勢を取ろう。少なくとも10分間、写真をじっくり観察してほしい。目の表情、顔立ち、服装、髪形に注意を払おう。写真の細部まで丁寧に見ること。そのあと写真を裏返し、目を閉じて、見たものを心に描く努力をしてほしい。細部まで完璧に思い浮かび、写真を上手にイメージできたら素晴らしい。できなかった場合は、できるようになるまでこのプロセスを繰り返そう。

25 このステップは、ただ畑を整えるためのものだ。来週は、種蒔《たねま》きの準備をしよう。

26 こうした課題をこなすことで、あなたは最終的に、自分の気分や態度や意識の手綱を握れるようになるだろう。

27 偉大な資本家は、大勢の人たちと距離を置くすべを学んでいる。計画を立てたり、思考したり、快適な気分で過ごしたりする時間を増やすためである。

28 成功しているビジネスパーソンは、ほかの成功者の思想に常に触れていることがいかに有益かを、絶えず証明している。

29 たった一つのアイデアが、何百万ドルにも値することがある。そうしたアイデアは、快く受け取る人のもとにしかやってこない。受け取る準備ができた、成功者の心構えを持つ人のもとにだけ訪れる。

30 人々は、宇宙意識と調和して生きることを学びつつある。万物が一つであることを学び、思考の基本的な方法や原理を学んでいる。それが状況を変え、何倍もの結果を出しつつある。

31 人々は、メンタルやスピリチュアルな進歩のあとに、それにふさわしい状況や環境がやってくることに気づき始めている。知識のあとに成長が、インスピレーションのあとに行動が、気づきのあとにチャンスが訪れるのだ、と。常にスピリチュアルなことが先で、無限の可能性——達成——に向かう変容が始まるのはそのあとなのだ。

32 個々の人間は宇宙意識が個体化する回路にほかならないので、個人の可能性は当然ながら無尽蔵だ。

33 思考とは、私たちが宇宙のパワーの魂《スピリット》を吸収し、それが普段の意識に融け込むまで内なる意識に抱えている、そのプロセスのことだ。本書で説明しているように、いくつかの基本原理を粘り強く実践することで、思考を現実化する方法を習得できる。その方法こそが、「宇宙の真理」の貯蔵庫を開ける、マスターキーなのだ。

34 今人間が抱える苦悩の二つの大きな源とは、身体の病気と心の不安だ。それらは、自然の法則に反した結果にほかならない。法則を十分に理解していなかったせいで起こったことに違いないのだ。しかし今、長年ため込んだ暗雲は消え始め、誤った情報が生み出した多くの不幸も一緒に消え去りつつある。

人は自分自身を変え、向上させ、生まれ変わらせ、環境の手綱を握って、運命を切り開くことができる——これは、建設的な行動に宿る正しい思考のパワーに目覚めた、すべての人の結論である。

——クリスチャン・ラーセン

6週目のレッスン——Q&A

1. 電気が生み出す働きには、どのようなものがあるか？
熱、光、動力、音楽など。

2. 電気は何によって、こうしたさまざまな働きに変わるのか？
電気が接続されるメカニズムによって変わる。

3. 個人の意識と宇宙意識が相互作用した結果とは何か？
私たちが遭遇する状況や経験。

4. こうした状況を変える方法とは？
宇宙意識が個体化して形をなす、そのメカニズムを変えること。

5. このメカニズムとは何のことか？
脳。

6. このメカニズムを変える方法とは？
思考のプロセスによって変えられる。思考が脳細胞を生み出し、その脳細胞が宇宙意識に宿るよく似た思考に反応するからだ。

7. 集中力には、どんな価値があるのか？
集中力は個人が獲得できる最高の素養で、すべての成功者が身につけている顕著な特徴でもある。

8. 集中力は、どうすれば身につくのか？
本書の課題を忠実に実践すること。

9. 集中力は、なぜそれほど重要なのか？
集中力があれば思考の手綱を握れるからだ。思考は原因で、状況は結果なので、原因をコントロールできれば、結果もコントロールできるからだ。

10. なぜ客観的な世界で状況が変わり、何倍もの結果を出しつつあるのか？
人々が、建設的に思考する基本的な方法を学びつつあるからだ。

7週目のレッスン　イメージの練習

人間は遠い昔から、万物の創造を繰り返す目に見えないパワーの存在を信じている。このパワーを人格化して「神」と呼んだり、万物に浸透する真髄《エッセンス》や魂《スピリット》ととらえたりしているが、いずれにせよ、その働きは同じだ。個々の人間に関して言えば、人には客観的で、物理的で、目に見える、人格を備えた側面がある。こちらは五感を通して認識できる存在で、肉体と脳と神経でできている。一方、主観的な側面のほうは、スピリチュアルで、目には見えず、人格を持たない。

人格を備えた側面のほうは、個人としてのアイデンティティを持つので、意識がある。人格を持たない側面のほうは、ほかのすべての存在と種類や質が同じで、個人としての意識がないので「潜在意識」と呼ばれている。人格を持つ、いわゆる「顕在意識」には意志と選択の力があるので、困難を解決する際に、どの方法で対処すべきか選ぶことができる。すべてのパワーの源と一体である人格を持たないスピリチュアルな側面のほうは、そうした選択ができるとは限らない。ただし、こちらは無限の資源を自由に活用できるので、人間――個人の顕在意識――には見当もつかないような方法で、結果を出すことができる。

つまり、制限や誤解だらけの人間の意志に頼るのも悪くはないが、潜在意識を活用し、宇宙の無限の力を活用することもできるのだ。今から、この素晴らしいパワーを科学的にひも解いていきたい。あなたが理解し、認識しさえすれば、この力を自由に使うことができる。この全能のパワーを意識的に活用する方法の一つを、レッスン7でご説明したいと思う。

1　視覚化《ビジュアライゼーション》とは、心の中でイメージするプロセスだ。イメージは、あなたの未来を形づくる鋳型やひな型の役目を果たしてくれる。

2　明確に、美しくイメージしよう。恐れずに、壮大に思い描こう。心に留めておいてほしい。あなた以外の誰も、あなたに制限をかけることはできない。費用にも材料にも制限はない。何かが必要なら無限の力を活用し、イメージの中で創り上げよう。それがほかの場所で具現化されるためには、まず心の中に存在していなくてはならない。

3　ありありと明確にイメージし、心の中にイメージをしっかと抱くこと。そうすれば、思い描いたものを、少しずつ引き寄せられる。あなたは「なりたいもの」になれるのだ。

4　今お話ししたこともよく知られている心理学的事実だが、残念ながら、読んだだけでイメージした結果が現れるわけではない。読んだだけでは、願いが具現化するどころか、イメージする足しにすらならないだろう。重要なのは、実践することだ。ただし、こうした頭脳労働に快く取り組む人は、わずかしかいない。

5　最初のステップは、「理想化」することだ。これが重要なステップなのは、あなたが構築するものの設計図になるからだ。設計図はしっかりした、長持ちするものでなくてはならない。建築家が30階建てのビルを建てるなら、輪郭も細部もあらかじめすべて思い描いているはずだ。エンジニアが渓谷に橋を架けるなら、無数の部品に必要な強度を、最初に確認しているだろう。

6　彼らは一歩踏み出す前に、最終形を見ている。つまり、ほしいものは心に描く必要があるのだ。種蒔《たねま》きをするのはいいが、蒔く前に、どんな収穫をしたいのか知っておかなくてはならない。これが「理想化」だ。まだ漠然としているなら、毎日椅子に戻って

イメージを明確にしよう。徐々に明らかになっていくはずだ。最初は全体像もおぼろげだが、次第に形をなし、輪郭ができ、そのうち細部も固まる。すると、徐々に計画を立てる力がついて、計画はいずれ客観的な世界で具現化するだろう。あなたは、未来が自分に何を用意しているのか、わかるようになる。

7　次は、ビジュアライゼーションのプロセスだ。もっともっと完全に、細部までイメージしなくてはいけない。細部が明確になるにつれて、それを具現化する方法や手段も明らかになるだろう。一つ明らかになると、また一つ明らかになる。思考が行動を生み、行動が方法を編み出し、方法が仲間を育て、仲間が環境をつくる。こうして最終的に、第3のステップである「具現化」が達成される。

8　宇宙が形をなし、物質化する前は、思考だったに違いない、と誰もが認識している。そして人間も、偉大なる宇宙の設計者の方針に快く従うなら、宇宙が具現化したように、私たちの思考も具現化するはずである。個人を通して働いているのは、宇宙に宿っているのと同じ意識なのだ。両者の間に種類や質の違いはなく、あるのは規模の差だけだ。

9　建築家は、自分が建てるものを心の中で視覚化《ビジュアライズ》する。理想の形を思い浮かべる。彼の思考が自在に変形する鋳型となって、そこからやがて建物が現れる。高いもの、低いもの、美しいもの、地味なもの。建築家のビジョンは紙の上で形をなし、最終的に必要な材料が用いられ、建物が完成する。

10 発明家も、まったく同じやり方でアイデアをビジュアライズしている。たとえば、ニコラ・テスラ。彼は素晴らしい知性の持ち主で、史上最も偉大な発明家の1人で、驚くべき現実を生み出したが、どんなときも発明に取りかかる前にビジュアライズしていた。アイデアを大急ぎで形にして、不具合を修正することに時間を費やしたりはしなかったのだ。まず心の中でアイデアを構築し、イメージし、頭の中で修理や改善をした。テスラは、技術科学誌『Electrical Experimenter（電気実験者）』に、こう記している。「このように、私は何にも触らずにすばやく構想を練り、完成させることができる。イメージの中で考え得る限りの改善をして、どこにも欠点が見当たらないなら、頭の中のものを具現化させるのだ。どんなときも、私の発明品は、思い描いた通りに動く。20年間にわたって、ただ一つの例外もなかった」

11 こうした指導に忠実に従うことができれば、「信念」を養えるだろう。それは聖書に出てくる「望んでいる事柄の実現を確信し、まだ見ぬものの実在を確信する」類《たぐい》の信念である。信念が養われれば自信がつき、忍耐力や勇気も養えるだろう。集中力も高まり、自分の目的に関係のない思考はすべて、頭から締め出せるようになる。

12　この法則によると、思考は具現化する。そして、思考を具現化させる神のような思考者となるすべを知る者だけが、匠《たくみ》の地位を手に入れ、権威を持って話すことができる。

13　鮮明さと正確さは、繰り返しイメージすることでしか得られない。繰り返し思い描くたびに、イメージは前より鮮明に、正確になる。イメージが鮮明で正確であればあるほど、外の世界にも鮮明に正確に現れるだろう。外の世界で形をなす前に、心の世界でしっかりと構築しておかなくてはならない。ただし、適切な材料がなければ、心の世界でさえ価値のあるものはつくれない。材料があれば、望むものは何でも構築できるが、材料をよく確認すること。粗悪な糸で高級な生地はつくれないからだ。

14　こうした材料は、黙々と働く何百万という頭脳労働者によって取り出され、あなたが抱くイメージを形にするのに使われる。

15　考えてみてほしい！　あなたは、常に精力的に働く500万を超える頭脳労働者を抱えている。そう、「脳細胞」のことだ。その上、少なくともそれと同数の予備部隊まで存在し、わずかなニーズにも応《こた》えようと待機している。ゆえに、あなたの思考力はほぼ無限で、あなたが望む環境づくりに必要な材料を生み出すパワーも、ほぼ無尽蔵だ。

16 心の中に何百万もの頭脳労働者がいるだけではない。あなたの体内にも何十億という頭脳労働者がいて、それぞれが受け取ったメッセージや暗示を理解し、行動する十分な知性を備えている。これらの細胞はもれなく、身体をつくったりつくり変えたりに忙しいのだが、それだけでなく、細胞には、完璧《かんぺき》な成長に必要な物質を引き寄せる能力まで備わっている。

17 細胞はそれを、あらゆる生命が成長に必要な物質を引き寄せるのと同じ法則を使って、引き寄せている。オークの木もバラもユリも、自分を完璧に表現するための物質を必要とし、「引き寄せの法則」という無言の要求を通して手に入れている。これは、完璧な成長に必要なものを確保する、何よりも確実な方法だ。

18 心の中でイメージしよう。鮮明に、明確に、完璧に。イメージをしっかりと抱き続けよう。実現の方法や手段はそのうち編み出され、必要なものも、求めれば与えられるだろう。あなたは、望ましいことを、望ましいタイミングで、望ましい方法でやるよう導かれる。「心からの願い」が「確信に満ちた期待」を生み、それが「強い要求」によって強化される。この三つは必ず「実現」につながる。「心からの願い」は感情で、「確信に満ちた期待」は思考で、「強い要求」は意志だからだ。すでにお話ししたように、

感情が思考に生命力を吹き込み、意志が思考をしっかり保ち続ければ、いずれ「成長の法則」がそれを具現化する。

19 人間の内側にこれほどとてつもないパワーが備わっているのは、素晴らしいことではないだろうか？　人は、夢にも思わないような超越的な能力を秘めているのだ。それなのに、常に「外に」強さやパワーを求めなさいと教わっているのは、おかしなことではないだろうか？　私たちは「内側」以外のあらゆる場所に目を向けるよう教えられ、人生にこのパワーが現れるたびに、「神様の力だ」と告げられてきたのだ。

20 この素晴らしいパワーを理解し、健康、権力、その他の状況を現実化しようと真剣に努力している人たちがたくさんいるが、うまくいっていないようだ。どうやら「引き寄せの法則」を作動させられないらしい。ほぼすべてのケースで、問題は、外の現実に対処していることにある。彼らはお金や権力や健康や豊かさがほしいのだが、わかっていない。これらは結果であって、原因を見つけないことには手に入らないものなのだ。

21 外の世界に執着しない人たちは、ひたすら真実を究明しようとする。彼らはただ英知を求め、この英知こそがあらゆるパワーの源を明らかにすることに気づくだろう。また、この英知が思考や目的の中に宿って、外の世界に望ましい状況をつくることも理解

するはずだ。この真実は、高邁《こうまい》な目的や勇敢な行動となって現れる。

22 ただ理想を思い描こう。外側の状況をあれこれ思い悩むのをやめよう。内なる世界を美しく豊かにすれば、外の世界も、内側の状況を表現し、現実化するだろう。あなたは、理想をイメージする力があることを自覚するはずだ。その理想は、結果の世界に反映される。

23 たとえば、借金を抱えた男がいるとしよう。男は絶えず借金のことを考え、借金で頭をいっぱいにしている。思考は原因なので、このままでは借金とますますお近づきになるばかりか、さらに借金を増やす結果になるだろう。偉大なる「引き寄せの法則」を作動させ、おなじみの、当然の結果を招こうとしている。そう、損失がさらなる「損失」をもたらすのだ。

24 では、正しい原理を教えよう。思考を望まない事柄にではなく、望む事柄に集中させよう。豊かなことを考えるのだ。「豊かさの法則」を作動させる方法や計画を思い描こう。「豊かさの法則」がもたらす状況をイメージしよう。そうすれば、現実になるだろう。

25 「引き寄せの法則」が正しく働いて、不足や恐れの思考ばかりを抱く人に、貧困や不足といった制限ばかりを届けているなら、勇気やパワーにまつわる思考を抱く人には、確実に豊かな状況がもたらされるはずだ。

26　ここが多くの人にとって難しいところだ。不安のあまり、つい心配や恐れや苦しみを顕在化させてしまう。何とかしたくて、助けになりたくて仕方ないのだ。私たちはまるで小さな子どものようだ。せっかく種を蒔《ま》いたのに、15分おきに土をかき混ぜに戻り、芽が出るかどうかを確かめている。言うまでもなく、こんな状況で芽が出るはずがないのだが、心の世界では、多くの人がまさにこんなことをしている。

27　種を蒔いたら、そっとしておかなくてはいけない。とはいえ、じっと座って何もするなと言っているわけではない。断じて。きっとかつてないほど多くの、さらに素晴らしい仕事をすることになるはずだ。次々と新しい道が示され、新しい扉が開くだろう。必要なことは心を大らかに開き、チャンスが来たら行動する準備をしておくことだけだ。

28　思考の力は、知識を得る最強の手段だ。そして、どんな対象にも思考の力を集中すれば、問題は解決できる。どんな問題も人間の理解力を超えているわけではないが、思考の力を活用し、あなたの命令に従わせるためには、努力が求められるのだ。

29 覚えておいてほしい。思考は、運命の歯車を回す蒸気を生み出す火のようなものなのだ。あなたがどんな経験をするかは、思考にかかっている。

30 自分にいくつか質問をして、厳粛な気持ちで答えを待ってみよう。あなたは時々、自分の内側にいる「自己」を感じているだろうか？ そして、この自己を主張しているだろうか？ それとも、多数派の意見に従っている？ 覚えておいてほしい。多数派とは常に誰かに導かれ、一度も先頭に立ったことのない人たちだ。蒸気エンジン、機械式織機をはじめ、提案されたありとあらゆる進歩や改善に抵抗し、噛《か》みつき、釘《くぎ》を打ちつけたのは、ほかでもない多数派の人たちだった。

31 今週の課題では、友達を1人、ビジュアライズしてみよう。前回会ったときの姿を、そのまま思い浮かべよう。部屋や家具を思い出し、そのときの会話を思い返そう。では、友達の顔に目を向けよう。顔を鮮明に思い浮かべ、共通の趣味について語りかけてみよう。相手の表情の変化を観察し、笑顔をよく見よう。これができるだろうか？ できるなら、今度は、相手の関心を引いてみよう。冒険談を話して聞かせ、友達の目がわくわくと楽しそうに輝く様子を思い浮かべよう。これがすべてできただろうか？ できたなら、あなたの想像力は素晴らしい。あなたは格段の進歩を遂げている。

7週目のレッスン——Q&A

1. 視覚化《ビジュアライゼーション》とは何か？
心の中でイメージするプロセスのこと。

2. この思考方法は、どんな結果をもたらすか？
心の中にイメージを抱いているうちに、少しずつ確実に対象を引き寄せることができる。人は、なりたいものになれるのだ。

3. 理想化とは何か？
客観的な世界でいずれ現実になる設計図をビジュアライズするプロセスのこと。

4. イメージする際には、なぜ鮮明さと正確さが必要なのか？
心の目で「見ること」が「感じること」を生み出し、「感じること」が「存在すること」を生み出すからだ。まずは心に思い描き、次に感情を抱くことで、達成の無限の可能性が生まれる。

5. どうすれば鮮明に、正確に思い描けるのか？

繰り返し思い描くたびに、前回よりも正確にイメージできるようになる。

6. 心の中でイメージを構築する材料を、どのように確保するのか？
何百万もの頭脳労働者——脳細胞——が確保してくれる。

7. 客観的な世界であなたの理想を具現化するのに必要な状況を、どう確保するのか？
「引き寄せの法則」の働きによって確保できる。これは、あらゆる状況や経験を引き起こす自然の法則だ。

8. この法則を作動させるのに必要な、三つのステップとは何か？
「心からの願い」、「確信に満ちた期待」、「強い要求」。

9. なぜ多くの人は失敗してしまうのか？
損失や病気や災いに、思考を集中させるからだ。この法則が完璧《かんぺき》に働いているから、恐れている事態がやってくる。

10. では、どうすればいいのか？
人生で具現化させたい理想に、思考を集中させること。

8週目のレッスン　破壊的な思考から建設的な思考へ

このパートで、あなたは気づくことになる。何を考えるかは自由に選べるが、その思考の結果は不変の法則に支配されている！　と。これは素晴らしい考え方ではないだろうか？「人生は気まぐれや偶然にではなく、法則に支配されている」と知るのは素晴らしいことだ。その確かさが、私たちにチャンスをくれる。その法則に従えば、願った結果が寸分たがわず手に入るのだから。宇宙に大いなる「調和《コスモス》」をもたらしているのはこの法則である。法則がなかったら、宇宙は秩序ではなく混沌《カオス》と化していただろう。

ということは、ここに善悪の起源を解く鍵《かぎ》がある。過去の、そして未来の善悪のすべてが、ここに詰まっている。では、説明しよう。思考の結果、行動が生まれる。思考が建設的で円満なものならよい結果が出るが、思考が破壊的で不和にまつわるものなら悪い結果が出る。要するに、法則は一つしかない。一つの原理、一つの原因、一つの「パワーの源」があるだけだ。そして、善悪とは、私たちの行動――この法則に従ったか否か――の結果を示すためにつくられた言葉にすぎない。

これがいかに重要かは、アメリカの思想家ラルフ・ワルド・エマーソンと、イギリスの評論家トーマス・カーライルの人生を見るとよくわかる。エマーソンは善を愛したので、彼の人生は平和と調和が奏でる交響曲《シンフォニー》のようだった。一方、カーライルは悪を憎んだので、その人生は不和と不調和に満ちていた。この2人の偉人は、同じ理想の実現を目指したが、一方は建設的な思考を使って自然の法則と歩調を合わせ、もう1人は破壊的な思考を使ってありとあらゆる不和を引き寄せた。つまり、私たちは何一つ、たとえ「悪」であっても憎んではならないのだ。憎しみは破壊力を持つから、やがて気づくことになるだろう。破壊的な思考を抱けば、「風」の種を蒔き、「つむじ風」を刈り取る羽目になる、と。

1 思考は宇宙の創造原理で、その性質上、よく似たほかの思考と結びつく。

2 生命の目的は成長なので、存在の根底にあるすべての原理は、成長に貢献するものでなくてはならない。だから、思考は形をなし、成長の法則がいずれそれを具現化させ

るのだ。

3　何を考えるかは自由に選べるが、その思考の結果は、不変の法則に支配されている。繰り返し抱いた思考は、その人の性格や健康や環境に影響を及ぼすのだ。だから、不都合な結果しかもたらさない思考習慣を、建設的な思考習慣に変える方法が、何よりも重要だ。

4　決してたやすいことではないのは、周知の通りだ。心の習慣の手綱を握るのは難しい。だが、できないことではない。その方法は、一刻も早く破壊的な思考を建設的な思考に置き換えることだ。すべての思考を分析する習慣をつけよう。それが必要な思考なら――客観的な世界に現れる現実が、あなただけでなくすべての関係者の利益になるなら――その思考を大事に抱き続けよう。その思考には価値があり、無限の力と同調しているから、その後も成長・発展し、一〇〇倍の実りをもたらすだろう。同時に、アメリカのコラムニスト、ジョージ・マシュー・アダムズの次の言葉を心に刻んでおくとよいだろう。「扉を閉めて、心からも、オフィスからも、あなたの世界から一切締め出すことを学ぼう。明確な目的も、有益な目的もなく、あなたの世界に入り込もうとするあらゆる要素を」

5　あなたの思考が批判的、もしくは破壊的なもので、周囲に不和や不調和な状態が生じているなら、建設的に考える心構えを身につける必要がある。

6　想像力は、こうした取り組みに大きく役立つだろう。想像力を育《はぐく》めば、あなたの未来をつくる理想を構築できるようになる。

7　想像力が材料を集めると、心が、あなたの未来がまとう織物を織り始める。

8　想像力は、新たな思考と経験の世界を照らす光だ。

9　想像力は、発明家や発見者が道を切り開き、前例を経験で塗り替えるのに使う強力な道具だ。前例は「無理だ」と言ったが、経験は「できた」と言っている。

10　想像力は自在に形を変えるパワーで、感覚でとらえたものを新たな形や理想に変える。

11　想像は建設的な思考形態で、あらゆる建設的な行動形態に先行する。

12 建築業者は、何を建てるにしても、まず建築家から設計図を受け取らなくてはならない。建築家はその設計図を、想像力を使って受け取っているに違いない。

13 起業家が巨大企業を創業し、何百社もの中小企業と何千人もの従業員をとりまとめ、何百万ドルもの資金を活用できるのは、最初にすべてを頭の中でイメージしていたからだ。物質界の物事は、陶芸家の手の中にある粘土のようなものだ。現実の物事を創造するのは匠《たくみ》である意識だが、その作業は想像力を用いて行われる。想像力を養いたいなら、鍛えなくてはならない。心の筋肉をつけるには、身体の筋肉と同じで、鍛錬が必要なのだ。栄養を与えなければ育たない。

14 想像を、一部の人たちがふけりがちな空想や白昼夢の類《たぐい》と混同してはいけない。白昼夢は心を節度なくさまよわせるので、心の病につながりかねないものだ。

15 建設的な想像は頭脳労働で、「これほどハードな労働はない」と感じる人もいるだろう。しかし、その労働には最大の見返りがある。人生最高の物事はすべて、思考し、想像し、夢をかなえる能力を持つ人たちのもとにやってくるからだ。

16 宇宙意識は唯一の創造原理であり、宇宙にあまねく広がる全知全能の意識である。

あなたは、思考の力を通してこの全能の力と意識的に歩調を合わせることができる。この事実を徹底的に自覚すれば、正しい方向に大きな一歩を踏み出せる。

17 次のステップは、このパワーを受け取れる状態になることだ。このパワーはあまねく浸透しているので、あなたの内側にも宿っている。それがわかるのは、すべてのパワーが内側からやってくることを知っているからだ。ただし、パワーを発現させ、育《はぐく》まなくてはならない。そして、そのためには、受け取る力をつけなくてはならない。受け取る力は、体力と同じように、訓練することで身につけられる。

18 「引き寄せの法則」は、あなたの心を支配している思い――心構え――にふさわしい状況や環境や経験を、寸分たがわず届けてくれる。ここで物を言うのは、教会を訪れたときや、素晴らしい本を読み終えたあとに時折考えることではなく、あくまでも普段の心構えだ。

19 一日に10時間も、弱々しい、害になる、ネガティブな思考にまみれていながら、10分間だけ強力で、ポジティブで、創造的な思考を抱いたからといって、美しさや強さや調和にあふれた状態を生み出せる、などと期待してはいけない。

20　真のパワーは、内側からやってくる。誰もが活用できるパワーはもれなく内側にあり、顕在化するチャンスを待っている。そのためには、まず本人がそのパワーを認識し、自分のものだと認め、自分の意識の中に組み込んで、パワーと一体化する必要がある。

21　人々は「豊かに暮らしたい」と話し、実際にそう望んでいるが、多くの人は勘違いしている。筋肉を鍛え、正しい呼吸をし、決まった食べ物を決まった方法で食べ、毎日決まった温度の水を何杯も飲んで、すきま風から身を守れば、望み通りの豊かな生活が手に入ると思っている。だが、そんな方法では、大した結果は得られない。しかし、真実に気づき、自分がすべての生命と一つであることを認めた人は、澄んだ目をして、軽やかな足取りで歩き、若々しい活力をまとっている自分に気づくだろう。すべてのパワーの源を発見したからだ。

22　すべての間違いは、無知からきている。知識を得てパワーを獲得できるかどうかが、成長と進化を決める。知識を認識して示すことがパワーを生み出すのだ。このパワーは万物の中心に宿るスピリチュアル・パワーで、宇宙の魂である。

23　この知識は、人間の思考能力の産物である。つまり、思考は人間の意識面での進化の芽なのだ。人間が思考や理想といった面での進歩を止めると、その人の力はみるみる

衰《おとろ》え始め、その変化が徐々に表情にも現れてくる。

24 成功者は、実現したい理想の状態を絶えず思い描くことを心がけている。目指す理想に近づく次のステップを、常にイメージしている。思考は彼らが構築する物事の材料であり、想像は頭脳労働の工房だ。心は、成功者が、成功の仕組みづくりに必要な人材や環境を手に入れるのに使う力なのだ。そして想像は、あらゆる素晴らしい物事を創り出す母体だ。

25 あなたが自分の理想に忠実なら、計画を具現化する環境が整ったときには、合図を聞き取れるだろう。そして結果は、理想に対するひたむきさに見合ったものになるだろう。心にしっかりと抱かれた理想が、現実化に必要な状態をあらかじめ判断し、引き寄せるのだ。

26 あなたはこうして、見えない力《スピリット》やパワーを、自分の存在自体に組み込める。そして、強運な人生を送り、あらゆる害から永遠に守られるだろう。あなた自身がポジティブな力となって、豊かで調和に満ちた状態を引き寄せられるようになる。

27 これは徐々に全体意識に広がっていく、酵母のようなものだ。だから、至るところで目にする不安な状態は、個々人のネガティブな思いの産物なのかもしれない。

28　前回の課題では、心の中にイメージを描いてもらった。つまり、見えないものを見えるものに変えてもらったのだ。今週は、ある物を選んで、その起源にまでさかのぼり、それが実際に何でできているのかを思い描いてもらう予定だ。そうすることで、想像力、洞察力、知覚力、賢明さが養われる。これらの力は、多くのものを表面的に見るのではなく、表面下にあるものを鋭く分析しながら観察することで培われる。

29　目に見える物事は結果にすぎず、その結果をもたらした原因がある——と理解している人はほとんどいない。

30　いつもと同じ姿勢で座り、一隻の戦艦をビジュアライズしてもらいたい。その恐ろしい怪物が、水面に浮かんでいる姿を思い浮かべてみよう。どこにも生命が宿っている様子はなく、あたりは静まり返っている。この船の大部分が水面下にあって、こちらからは見えないことを、あなたは知っている。船は20階建ての超高層ビルに負けないほど大きくて重いこともわかっている。何百人もが直ちに職務を果たせる状態で待機しており、どの部署にも有能で熟練した、腕の立つ軍人がいる。彼らには、この素晴らしいメカニズムの一翼を担う能力がある。戦艦は一見、周りに関心がない様子だが、実は何キ

ロにもわたってすべてを見渡せる目を持ち、その監視を逃れられる者はいない。静かで大人しく無害に見えるが、何キロも離れた場所にいる敵に、重さ何百キロもの弾丸を浴びせる用意がある。今話したことや、さらに多くのことを思い浮かべるのは、そう難しくはないだろう。しかし、戦艦はこの場所にどのように現れたのだろう？　そもそも、どのように誕生したのだろうか？　あなたが注意深い観察者なら、そんなすべてを知りたくなるはずだ。

31　では、鋳造工場までさかのぼって、そこにある大量の鋼板をイメージしてみよう。そして、製造に従事している何千人もの人たちを思い浮かべよう。さらにさかのぼって、鉱山で鉱石が採掘されるところをイメージしてみよう。それが荷船《はしけ》や鉱車《トロッコ》に積まれている様子や、工場で溶かされ、処理される様子を思い浮かべよう。さらにさかのぼると、戦艦の設計をした設計士やエンジニアの姿が見えるだろう。彼らがなぜ戦艦を設計したのかを探るために、さらにさかのぼってみよう。ここまで来ると、戦艦の影も形も見えないはずだ。戦艦はただ設計士の脳内に、思考として存在しているにすぎない。ところで、一体どこから「戦艦を設計せよ」という指示が入ったのだろう？　おそらく、国防長官からだ。だが、たぶんこの戦艦の建造は、戦争が検討されるはるか以前に、すでに計画されていたのだろう。そして議会は、戦艦に予算を割り振るための法案を可決しなくてはならなかった。もしかしたら反対派もいて、法案への賛否の声が上がっていたの

かもしれない。この国会議員たちは、誰の代表者だろうか？　彼らは、あなたや私を代表している。さて、この一連の思考は、戦艦に始まって私たち自身で終わっている。ここからわかるのは、私たち自身の思考が、戦艦をはじめ、自分がほぼ意識していない多くの事柄の原因だ、ということ。さらに深く考えると、何より重要な事実が見えてくる。この即座に海底に沈むはずの鋼鉄の塊を海面に浮かばせる法則を誰かが発見していなければ、戦艦はそもそも誕生していなかった。

32　この法則は、「物質の比重とは、同じ体積の水の重さとの比である」というものだ。この法則の発見は、あらゆる航海、商業、戦争に革命をもたらし、戦艦、航空母艦、客船を誕生させた。

33　あなたは、こうした課題がとても有効だと気づくだろう。水面下を見るよう思考を鍛えておくと、あらゆることが別の顔を見せ始める。取るに足りないことが重要になり、退屈なことが面白くなる。大したことではないと思っていたことが、ただ一つの重要な事柄だと気づくかもしれない。

今日に目を向けよう
なぜなら、それは生命《いのち》だから。生命の中の生命だから。

その短い道筋に、あなたという存在の
真実と現実のすべてが宿っている。
成長する至福。
行動する栄誉。
美しくあることの輝き。
なぜなら、きのうは夢にすぎないからだ。
そして、明日は幻にすぎないからだ。
けれど、今日をしっかり生きれば、
すべてのきのうは幸福な夢となり、
すべての明日は希望の未来図に変わる。
だから、しっかり目を向けよう。今日という日に！

——カーリダーサ（古代インドのサンスクリット文学の詩人）

8週目のレッスン——Q&A

1. 想像力とは何か？
建設的な思考形態。新たな思考と経験の世界を照らす光。発明家や発見者が道を切り開き、前例を経験で塗り替えるのに使う強力な道具。

2. 想像力は何をもたらすのか？
想像力を養うと、理想が構築され、そこからあなたの未来が生まれる。

3. どうすれば想像力を養えるのか？
訓練によって養える。栄養を与えなければ育たない。

4. 想像は白昼夢とどう違うのか？
白昼夢は心を節度なくさまよわせる行為だが、想像は建設的な思考形態で、あらゆる建設的な行動に先行する。

5. 間違いとは何か？
無知の産物。

6. 知識とは何か？
人間の思考能力の産物。

7. 成功者が何かを構築するのに使うパワーとは何か？

心。心は、成功者が、計画の遂行に必要な人材や環境を確保するのに使う力だ。

8. 何が結果をあらかじめ決めているのだろう?
心にしっかりと抱かれた理想。理想は、現実化に必要な状態を引き寄せる。

9. 鋭く分析しながら観察すると、どうなるのか?
想像力、洞察力、知覚力、賢明さが養われる。

10. それらは何をもたらすのか?
豊かさと調和。

9週目のレッスン　成長の法則

レッスン9では、望み通りの状況を自分で構築できる道具のつくり方を教えよう。状況を変えたければ、自分自身を変えるほかないのだ。あなたの気まぐれも、願いも、幻想も、野心も、一歩進むたびにくじかれてしまいかねないが、あなたの心の奥底の思考は、植物が種から芽吹くように、必ず表に現れるだろう。では、状況を変えたいなら、一体どうすればいいのだろう？　答えはシンプルだ。「成長の法則」を活用することだ。「原因と結果の法則」は、物質界と同じように内なる思考の世界でも、絶対にぶれることがない。

望ましい状況を心に描こう。すでに在る事実として認識しよう。力強いアファメーションには価値がある。絶えず繰り返すことで、自分の一部になるだろう。私たちは本当に、自分自身を変革しようとしている。なりたいものになろうとしている。性格は偶然の産物ではなく、たゆまぬ努力のたまものだ。あなたは臆病《おくびょう》、優柔不断、人目が気になる、といった性格だろうか？　あるいは心配性で、危険なことや恐ろしいことを考えて心が休まらない？　ならば、「二つのものは、同時に同じ場所に存在できない」という言葉を覚えておいてほしい。心やスピリチュアルの世界でも、まったく同じことが言える。つまり、解決策は、恐れや不足や制限の思考を、勇気、パワー、自立、自信といった思考に、ただ置き換えることなのだ。

最も簡単で自然な方法は、あなたに合いそうなアファメーションを選ぶことだ。ポジティブな思考は、光が闇を打ち消すように、確実にネガティブな思考を打ち消してくれるから、かなりの効果が期待できる。行動は思考が開花したもので、状況は行動の結果だ。つまり、あなたは、確実に自分をつくったり壊したりする道具を、常に手にしているのだ。喜びや苦しみは、行動の報いなのだ。

1　人が「外の世界」で願うことは三つしかないが、三つとも「内なる世界」で見出《みいだ》せる。それを見出す鍵《かぎ》は、全能のパワーとつながる適切な「メカニズム」を使うことだけ。個々の人間は、全能のパワーにアクセスできるのだ。

2　全人類がほしいと願い、人間の最高の表現と完全な発達に必要な三つのものとは、「健康」「富」「愛」である。「健康」が絶対に不可欠なことは、誰もが認めるだろう。どんな人でも、身体が痛いと幸せを感じにくい。「富が必要だ」と誰もがすんなり認めるわけではないだろうが、少なくとも十分な生活必需品が必要なことは、誰もが認めるところだ。ただし、ある人が十分だと感じるものを、「まったく足りない」と感じる人もいるだろう。また、自然は十分どころか、ふんだんに、ぜいたくに、惜しげもなく与えてくれるから、どんな不足も制限も、人為的な配分の仕組みによって生じたものだとわかる。

3　誰もがおそらく「愛」が幸福の三番目の要素だと認めるだろうが、もしかしたら、愛が第一の要素だ、と言う人もいるかもしれない。とにかく、健康、富、愛の三つをすべて手にした人は、幸せのカップがもう満杯だと気づくだろう。

4　私たちは、宇宙の根源物質とはすべてのもの――すべての健康、すべての富、すべての愛――のことだ、と気づいている。そして、私たちがこの無限の供給と意識的につながるメカニズムは、私たちの思考の中にある。つまり、正しく思考することは、あらゆる物が与えられる「いと高き方の隠れ場」に入ることなのだ。

5　私たちは何を思考するべきなのか？　これがわかれば、「望んでいるすべてのもの」

とつながる適切なメカニズムを発見できる。このメカニズムはとても単純なものに見えるかもしれないが、読み進めてほしい。これが実は「マスターキー」――お望みなら「アラジンの魔法のランプ」と呼んでもいい――だと気づくだろう。幸福は正しい取り組みによってもたらされる――これが基盤で、必須《ひっす》条件で、絶対法則なのだ。

6　正しく、正確に考えるために、私たちは「真実」を知らなくてはならない。真実を知ることは、あらゆるビジネスや社会的な関係の基本原理だ。正しく考えることは、正しい行動の前提条件だ。真実を知ること――真実を確信し、真実に自信を持つこと――は、この上ない満足感をくれる。これは、疑念や争いや危険にまみれた世の中で、ただ一つの確かな基盤なのだ。

7　真実を知ることは、無限で全能のパワーと同調することだ。つまり、真実を知れば、圧倒的なパワーとつながれる。そのパワーは、あらゆる不和、不調和、疑念、誤りを一掃してくれるだろう。なぜなら「真実は強く、必ず勝つ」からだ。

8　ごくささやかな知性の持ち主でさえ、自分の行動が真実に根差していると知っていれば、結果をやすやすと予言できる。だが、誰より深い洞察力と知性の持ち主でさえ、自分の望みが誤った前提に根差しているとわかっていれば、なすすべもなく道に迷い、結果を思い描けない。

9 真実と調和しない行動は、無知によるものでも意図したものでも、必ず不和を引き起こし、やがて行動の程度や性質に見合った損失をもたらすだろう。

10 では、どうすれば真実を知り、無限の力と同調するこのメカニズムとつながることができるのだろう？

11 真実は宇宙意識の重要な原理であまねく浸透している、と認識すれば、正しい軌道に乗れる。たとえば、「健康」を求めるなら、次のように認識してほしい。あなたの中の「私」はスピリチュアルな存在で、あらゆる魂《スピリット》は一つだから、一部であるあなたと全体である宇宙の魂《スピリット》は一つなのだ、と。そうすれば、健康な状態がもたらされる。なぜなら、体内のすべての細胞が、あなたが見ている通りの真実を現すからだ。あなたが病気に目を向ければ、病気が現れ、完璧《かんぺき》さに目を向ければ、完璧さが現れるだろう。「私は健康で、完璧で、丈夫で、パワフルで、愛情と調和に満ちていて、幸せです」というアファメーションは、円満な状態をもたらすだろう。なぜなら、このアファメーションは真実そのものだからだ。真実が現れると、間違いや不和はもれなく姿を消すだろう。

12「私」はスピリチュアルな存在なので、常に完璧である。だから、「私は健康で、完璧で、丈夫で、パワフルで、愛情と調和に満ちていて、幸せです」というアファメーションは、論理的に正しい。

13 思考はスピリチュアルな活動で、魂《スピリット》は創造力を持つので、抱いた思考にふさわしい状況が必ずもたらされる。

14「富」を求めるなら、あなたの中の「私」は、宇宙の根源物質である宇宙意識と一つであり全能だ、と認識してほしい。そうすれば、「引き寄せの法則」が作動し、あなたは成功を生み出す力と共鳴共振して、パワフルで豊かな状態を手に入れるだろう。どれほどパワフルで豊かになれるかは、アファメーションの性質と目的次第だ。

15 ビジュアライゼーションは、あなたが求めている「接続のメカニズム」だ。ビジュアライゼーションは、実際に目で見ることとは大きく違う。目で見ることは肉体的な行為なので、客観的な世界――外の世界――に関わっているが、ビジュアライゼーションは想像の産物なので、主観的な心――内なる世界――の産物だ。ゆえに、生命力が宿っており、成長する。つまり、ビジュアライズされた物事は、具現化するのだ。このメカニズムが完璧なのは、「すべてをよきに計らう」設計の匠《たくみ》が生み出したものだからだ。残念ながら、使い手が不慣れでうまくいかない場合もあるが、訓練と決意によってその欠点は克服できる。

16　あなたが「愛」を求めるなら、「愛を手に入れる唯一の方法は、愛を与えることだ」と認識しよう。愛は与えれば与えるほど手に入ることを知り、愛を与える唯一の方法は「自分が磁石のように人を引き寄せる人物になるまで、自分自身を愛で満たすことだ」と理解しよう。この方法は、別のレッスンですでに説明ずみだ。

17　偉大なスピリチュアルな真実を用いて、人生の「ささいな物事」に対処するすべを学んだ人は、問題解決の鍵を発見したと言える。人は、偉大な考え方や出来事、偉大な自然や人物に近づくたびに活力をもらい、さらに思慮深くなる。エイブラハム・リンカーンに近づいた人たちはみな、山を前にしたときのような感動を覚えた、と言われている。こうした感覚がとくに強くなるのは、永遠なるもの――真実のパワー――に触れている、と自覚したときである。

18　時折、こうした原理を実際に試した人――自分の人生で証明した人――の話を聞くと鼓舞されるだろう。フレデリック・アンドリュースからの手紙は、次のような知識を

くれる。

19　私が13歳くらいの頃、今は亡きT・W・マーシー医師が母に言いました。「まったく見込みはありませんよ、アンドリュース夫人。私も同じように息子を亡くしました。あの子のために、あらゆる手を尽くしましたが。私はこうした症例を専門に研究してきたけれど、この子がよくなる見込みはまったくありません」

20　母は、先生のほうを向くと、言いました。「この子が先生の息子さんなら、何をなさいますか？」。すると先生は、こう答えました。「闘います。生命の炎が灯っている限り」

21　これが山あり谷ありの長い闘いの始まりでした。医師たちは「治る見込みはない」と口を揃えながらも、精いっぱい励まし、応援してくれました。

22　そして、最終的に私たちは勝利を収めたのです。私は手足が不自由で、身体をゆがめて両手両膝《りょうひざ》をついて暮らす小さな子どもでしたが、強くて姿勢のよい、がっしりとした体格の大人になりました。

23　きっとその秘訣《ひけつ》を知りたいでしょうから、なるべく簡潔にお教えしましょう。

24 私は、自分に何より必要な言葉を盛り込んだアファメーションをつくって、自分のために何度も繰り返し唱えました。「私は健康で、完璧で、丈夫で、パワフルで、愛情と調和に満ちていて、幸せです」と。このアファメーションの言葉を一言も変えずに唱え続けていると、そのうち夜中に目が覚めても、「私は健康で、完璧で、丈夫で、パワフルで、愛情と調和に満ちていて、幸せです」と心の中で繰り返している自分に気づくようになりました。これは、私が夜最後に口にする言葉で、朝一番に口にする言葉でした。

25 私はこの言葉を自分のためだけに唱えていたのではありません。それを必要としているほかの人たちのためにも唱えていました。この点を強調したいです。何かを望むなら、ほかの人たちのためにアファメーションを唱えましょう。それはあなたにも、相手にも役立つはずです。人は蒔《ま》いた種を刈り取ります。愛と健康の思考を送り出せば、見返りを望まずにした善行のように、自分に返ってきます。しかし、恐れ、不安、妬《ねた》み、怒り、憎しみといった思考を送り出せば、人生でその報いを受け取ることになります。

26 かつては、人間は7年ごとに完全に生まれ変わる、と言われていましたが、現代の科学者の中には、11ヵ月ごとに完全に生まれ変わる、と明言する人たちもいます。つまり、私たちは実は11ヵ月児にすぎないのです。なのに、体内にわざわざ不具合を戻し、

年々ため込んでいるとしたら、その責任は自分自身にあります。

27 人間は、自分自身の思考を足し上げたような存在です。だから問題は、どうやってよい思考だけを心に抱き、害になる思考を締め出すのか？ 最初は、害になる思考がやってくるのを避けられないでしょう。しかし、その思考を抱えずにいることはできます。その唯一の方法が、忘れること。つまり、別の何かに置き換えることです。そこに、用意しておいたアファメーションの出番があるのです。

28 怒り、妬み、恐れ、不安といった思考が忍び込んできたら、アファメーションを唱え始めましょう。闇と戦う方法は、光で照らすことです。寒さと戦うなら熱で暖めるでしょうから、悪を克服したいなら、善を使いましょう。私自身は、否定の中に、何ら役立つものを見出《みいだ》せませんでした。善を唱えれば、悪は消え去ります。

——フレデリック・イライアス・アンドリュース

29 何かを求めているなら、このアファメーションを使うとよいだろう。手を加えずに、そのまま使おう。静かに唱え続ければ、やがて潜在意識に浸透するだろう。そうすれば、車の中でもオフィスでも家でも、どこででも使えるようになる。これがスピリチュアルな方法の利点だ。いつでも活用できる。目に見えない力《スピリット》は至るところに存在し、常に準

備を整えている。必要なことは、この全能の力を正しく認識し、その素晴らしい結果を受け取りたい、と願うことだけだ。

30 普段の心構えが、パワーや勇気、親切心、共感に満ちたものなら、その人の環境は、思考を反映したものになるだろう。弱くて批判的で嫉妬《しっと》に満ちた破壊的な思考を抱いているなら、環境にもそれが反映されるだろう。

31 思考は原因で、状況は結果だ。これが善悪の起源なのだ。思考は創造力を持つので、その対象とおのずと相関関係を持つ。これが「宇宙の法則」「引き寄せの法則」「原因と結果の法則」と呼ばれるものだ。この法則を認識し、活用することが、あらゆる状況における始まりと終わりを決める。あらゆる時代の、あらゆる年齢層の人々が祈りの力を信じていたのは、この法則があるからだ。「信じる者は、どんなことでもできる」という聖書の言葉は、それを簡潔に表現しているにすぎない。

32 今週は、植物をビジュアライズしてみよう。あなたが一番好きな花を選んで、見えないものをありありと見える状態にしてみよう。では、心の中で小さな種を蒔いて、水をやり、世話をしよう。朝日がしっかり当たる場所に置いて、種が芽吹くところをイメージしよう。今や生き物となったその植物は、生き生きと生存の手段を探し始めている。

根っこが土の中で、四方八方に伸び始めている。覚えておいてほしい。植物は分裂を繰り返す生きた細胞で、やがてその数は何百万にも達することを。各細胞には知性があり、自分が何を望み、それをどのように手に入れればよいのかを心得ている。1本の茎がどんどん上に伸びて、地面を突き破り、そのうち分かれて複数の枝をなす様子を観察しよう。それぞれの枝がどれほど完璧《かんぺき》に、左右対称にできているかを思い浮かべよう。葉っぱが出始めると、そのうち何本か小さな茎が伸びてくるが、それぞれの先にはつぼみがついている。観察しているうちに、つぼみがふくらんでほころび、あなたの好きな花が咲き始めるだろう。そして、ひたすら集中していると、いい香りがしてくるはずだ。それは、あなたが思い描いた美しい創造物を、そよ風がやさしく揺らした香りだ。

33 このように明確に完璧にイメージできるようになれば、物事の魂《スピリット》と一つになれる。そうすれば、とてもリアルに感じられるだろう。集中するすべを学べば、対象が健康でも、好きな花でも、理想でも、複雑なビジネスの課題をはじめとした人生のどんな問題であっても、プロセスは同じだ。

34 どんな成功も、目指す対象に粘り強く集中することで、達成されてきたのだ。

9週目のレッスン――Q&A

1. あらゆる幸福の必須《ひっす》条件とは何か？
正しい取り組み。

2. 正しい行動の前提条件とは何か？
正しく思考すること。

3. すべてのビジネスや社会的な関係に必要なことは何か？
真実を知ること。

4. 真実を知ることは、どんな結果をもたらすのか？
自分の行動が真実に根差している場合は、結果をたやすく予言できる。

5. では、自分の行動が誤った前提に根差している場合は？
その行動がどんな結果を生むのか、思い描けなくなる。

6. どうすれば真実を知ることができるのか？
真実は宇宙の重要な原理であまねく浸透している、という事実を認識することで、

知ることができる。

7. 真実の本質とは？
スピリチュアルなものだ。

8. あらゆる問題解決の鍵《かぎ》とは何か？
スピリチュアルな真実を活用すること。

9. スピリチュアルな方法の利点とは何か？
いつでも活用できること。

10. スピリチュアルな方法を活用する必要条件とは？
全能のスピリチュアル・パワーを認識し、その素晴らしい結果を受け取りたい、と願うこと。

思考とは人生である。思考しない人間は、本当の意味で、生きてはいないからだ。
思考が人間をつくる。

——A・ブロンソン・オルコット（米国の教育者・哲学者）

10週目のレッスン　宇宙の法則

レッスン10でご紹介する考え方を徹底的に理解すれば、「何事も明確な原因なしには起こらない」と学ぶだろう。そして、正しい知識に基づいて計画を立てられるようになる。適切な原因を作動させることであらゆる状況の手綱を握る、その方法を知ることになる。勝利を収めたときに――あなたは必ず勝利を収めるが――なぜそうなったのか、はっきりとわかるはずだ。

普通の人は、「原因と結果の法則」を明確に理解していないから、気分や感情に支配されている。もっぱら、自分の行動を正当化する考え方をしている。ビジネスで失敗したら「運がなかった」と口にし、音楽が嫌いなら「あんなものは金のかかるぜいたく品だ」と言い放つ。オフィス勤めでうだつが上がらないと「外でやる仕事なら、もっと成功できるのに」とつぶやき、友達がいないことにも「個性を評価してもらえない」と不満を言う。最後まで、自分の問題には思いが及ばない。要するに、どんな結果にも明確な原因があることを知らず、弁明や言い訳で自分をなぐさめようとしている。自己弁護しか考えていないのだ。

一方、どんな結果にもそれ相応の原因がある、と理解している人は、客観的に考えられる。結果はどうあれ真相を見極め、どこへ導かれるにせよ、真実を自由に追求する。問題を隅々までしっかり見つめ、必要な条件を完全に満たそうとする。その結果、世の中が友情、名誉、愛、承認など、与えるべきすべてのものを与えてくれる。

1 豊かさは、宇宙の自然の法則だ。この法則の証拠は、疑う余地がない。どこに目を向けても、自然はふんだんで、惜しげもなく、豪華だ。神の創造物のどこにも、倹約の精神は見当たらない。おびただしいほどの豊かさが、あらゆるものに現れている。数多《あまた》の木々、花々、動植物、創造のプロセスが永遠に繰り返される膨大な繁殖の仕組み……すべてが、人間に対する気前のよさを表している。全員に行き渡る豊かさがあるのは明らかなのに、多くの人が豊かさの恩恵を受けていないのもまた、明らかである。彼らは物質が万人に行き渡るものだということも、思考が私たちをほしいものと結びつける強力な原理だということも、まだ認識できていない。

2 すべての富は、パワーの産物だ。財産が価値を持つのは、パワーを授けてくれるときだけだ。そして、出来事が重要なのは、パワーに影響を及ぼすときだけである。すべての物事は、パワーがさまざまな形で顕在化したもので、パワーの程度を示している。

3 「電気の法則」「化学親和力の法則」「万有引力の法則」に示されるような原因と結果を知ることで、人は大胆に計画を立て、恐れずに実行できるようになる。これらの法則は物質界を支配しているため「自然の法則」と呼ばれているが、すべてのパワーが物理的な力だとは限らない。メンタルの力も、道徳的でスピリチュアルなパワーも存在している。

4 スピリチュアル・パワーが優れているのは、より高い次元に存在しているからだ。スピリチュアル・パワーを使って、人類は自然の素晴らしい力を活用し、何百、何千人分の仕事をこなす物理法則を発見したのだ。スピリチュアル・パワーのおかげで、時空間の影響を消し去り、「万有引力の法則」を克服する法則を発見することができた。このパワーの働きは、スピリチュアルな接触に左右される。スコットランドの伝道者兼生物学者、ヘンリー・ドラモンドはそれを、次のように述べている。

5　「私たちが知っている物質界には、有機的なものと無機的なものが存在している。鉱物の世界の無機物は、動植物の世界から完全に切り離されている。両者をつなぐ通路は密閉され、境界が越えられたことは一度もない。物質の変化も、環境の改変も、化学も、電気も、いかなる形態のエネルギーも、いかなる進化も、鉱物界の原子に、生命の属性を与えることはできない」

6　「この生気なき世界に何らかの生命を投入することでしか、生気なき原子に生命の属性を与えることはできないのだ。生命とのこうした接触がなければ、それらは永遠に無機物の領域で動けないままである。イギリスの生物学者トーマス・ヘンリー・ハクスリーによると、(生物は生物からしか発生しない、という)『生物発生』の原則は、完全なる勝利を収めている。アイルランドの物理学者ジョン・ティンダルも『今日の生命が、先行する生命と無関係に出現したと証明する、信頼に足る証拠は一つもない』と言わざるを得なくなっている」

7　「物理法則は無機物を説明できるし、生物学は有機物の成長を説明できるが、無機物と有機物の接点について、科学は沈黙している。自然界とスピリチュアルな世界の間にも、よく似た通路が存在しているが、この通路は、自然界の側で密閉されている。扉は閉ざされ、どんな人間にも開けることはできない。有機的な変化や、心のエネルギーや、道徳的な取り組みや、いかなる進歩をもってしても、人間はスピリチュアルな世界に入ることができない」

8　しかし、植物が鉱物の世界に根を下ろし、生命の神秘に触れさせるのと同じように、宇宙意識も人間の心に手を差し伸べ、新しい、未知の、素晴らしい、驚くべき資質を授けてくれる。産業、商業、芸術といった世界で何かを成し遂げた人たちはみな、このプロセスのおかげで成功することができたのだ。

9　思考は、無限と有限を、宇宙と個人とをつなぐリンクだ。先ほどお話ししたように、有機物と無機物の間には越えられない境界があり、物質がほころぶただ一つの方法は、生命を吹き込まれることだ。種が鉱物の世界に入り込み、ほころび、芽吹き始めると、生気のない物質に命が宿り、一〇〇〇本もの見えない指が、新たに芽生えた生命にふさわしい環境を紡ぎ始める。やがて「成長の法則」が働き始めると、そのプロセスは最後にユリの花が現れるまで続く。「栄華を極めたときのソロモンでさえ、この花の一つほどにも着飾ってはいなかった」と聖書にもあるが、これこそ「宇宙の法則」の働きである。

10　同じように、思考が宇宙意識の目に見えない物質――万物を創造する根源物質――

状況の中に放り込まれ、そこで根を張りだすと、「成長の法則」が働き始める。すると、状況や環境は、私たちの思考が客観的な形をなしたものにすぎない、とわかるだろう。

11　思考は、動的でダイナミックなエネルギーだ。そのエネルギーは思考の対象と相関関係を持ち、対象を、万物を創造する目に見えない根源物質の中から、目に見える客観的な世界へと連れ出す力を持っている。これが、万物を具現化する法則であり、あなたを「いと高き方の隠れ場」に案内し、「万物への統治権を与える」マスターキーにほかならない。この法則を理解すれば、聖書にある通り、「汝《なんじ》が事をなそうと定めるならば、成就する」のである。

12　そうなるほかないのだ。私たちの知る宇宙意識が「宇宙の魂《スピリット》」を指しているなら、宇宙とは、宇宙の魂《スピリット》が自らのために具現化した状態にほかならない。そして私たちは、宇宙の魂《スピリット》が個体化した魂《スピリット》にほかならないので、宇宙とまったく同じように、自らの成長のための状態を創り出すのだ。

13　この創造のパワーは魂《スピリット》、もしくは心の潜在的なパワーを認識すれば活用できる。ただし、「創造」を「進化」と混同してはいけない。創造とは、客観的な世界に存在していないものを生み出すことだが、進化とは、すでに在るものに宿っている潜在力が開花することにすぎない。

14　この法則の働きによって私たちに開かれる素晴らしい可能性を活用したいなら、覚えておいてほしい。私たち自身は、その働きに何の貢献もしないことを。偉大なる師が述べたように、「その業《わざ》を行うのは私ではなく、私の内におられる父なる神だ。神が業をなされる」のだ。私たちも、その立場を取るべきだ。私たちは具現化を助けることはできないので、ただ法則に従うだけだ。すると、万物を創造する宇宙意識が、結果を出してくれる。

15　今日の大きな過ちは、「無限の力が特定の目的や結果をもたらす方法を、人間が編み出さなくてはならない」という考え方だ。その手のものは、何一つ必要ではない。具現化させる方法や手段については、宇宙意識に任せることだ。ただし、私たちは理想を構築しなくてはならないし、その理想は完璧《かんぺき》なものでなくてはいけない。

16　ご存じのように、電気を司《つかさど》る法則を理解したことで、人間は電気という見えない力を制御して活用し、さまざまな利益や快適さを手にしている。電気のおかげで多くのメッセージが世界中に届き、巨大な機械が作業を片づけ、ほぼ全世界が明るく照らされるようになった。だが、故意であろうとなかろうと、きちんと絶縁されていない送電線に

触れるなど、法則に従わない行為は、悲惨な結果を招くだろう。目に見えない世界を司る法則を理解していない場合にも、同じことが起こる。多くの人は年がら年中、そうした報いを受けているのだ。

17 「原因と結果の法則」は、両極性——宇宙意識と個人の意識の相互作用——に支えられているので、両極の間に回路を形成しなくてはならない、と説明されてきた。この回路は、私たちがこの法則と調和して活動しない限り、形成されない。しかし、何が法則なのかわからなければ、どうやって調和すればいいのだろうか？　何が法則なのか、どうやって知ればいいのだろう？　それは、学習と観察によって知ることができる。

18 私たちは、この法則が働くのを至るところで目にしている。自然は、絶え間なく静かに成長することで、法則の働きを証明している。成長があるところには、必ず生命があり、生命があるところには、必ず調和がある。つまり、生命あるすべてのものは、自分を完璧に表現するのに必要な状態や物事を、絶えず引き寄せているのだ。

19 あなたの思考が「自然の創造原理」と調和していれば、無限の宇宙意識と同調しており、両極——あなたと宇宙意識——の間には回路が形成される。その場合、あなたに何の実りももたらさないはずがない。だが、あなたが無限の力と調和しない考えを抱い

ていたら、回路は形成されない。すると、どうなるだろう？　発電機が電気を起こしているのに、回路が切断されて出口がなかったら？　そう、発電機は止まる。

20　あなたが無限の力と同調しない思考を抱くと、回路が形成されないので、あなたにも発電機とまったく同じことが起こる。あなたは孤立し、よくない思考にとらわれ、苦しみ、不安になり、最終的には病気や、場合によっては死に至るだろう。医師はおそらくそうとは診断せず、間違った思考が生み出すさまざまな病気につけられたしゃれた病名の一つを告げるだろうが、それでも原因は一つしかない。

21　建設的な思考は創造力だけでなく調和の力も宿しているので、害をなす思考や誰かと張り合う思考をきれいに消し去ってくれる。英知、強さ、勇気をはじめ、あらゆる円満な状態がパワーの産物であり、パワーが内側からやってくることを私たちは知っている。同じように、あらゆる不足、制限、逆境は弱さの産物だが、弱さとはパワー不足のことにほかならない。弱さはどこかからやってくるわけではないし、何の価値もないものだ。ゆえに解決策は、パワーを養うことだけ。どんな力をつけるのも同じだが、訓練すれば必ずパワーは養える。

22　これは、あなたの知識を活用する訓練だ。知識はひとりでに役立つものではなく、あなたが活用しなくてはならないものだ。豊かさは空から降ってくるわけでも、ひょっこり舞い込んでくるわけでもない。「引き寄せの法則」を意識的に認識し、それを明確な目的のために働かせると決め、その目的を遂行する意志を固めれば、願いは実現する。あなたがビジネスに携わっているなら、いつもの販路がさらに拡充され、場合によっては、新しい意外な販路が開かれるだろう。法則がフルに働き始めると、あなたが求めている物事が、あなたを求め始めたことに気づくだろう。

23 今週は、いつも座る場所から見える壁の空いたスペースか、ちょうどよい場所を選んで、そこに心の中で15センチくらいの黒い水平線を引こう。そして、本当に壁に引いてあるかのように、その線をはっきり思い描く努力をしてほしい。次に、この水平線の両端から、水平線と同じ長さの2本の垂直線を引こう。それから、この2本の垂直線の端と端をつなぐように、水平線をもう1本引いてほしい。すると、正方形ができるだろう。この正方形をしっかりと見る努力をしよう。それができたら、正方形の内側に沿うよう、円を描いてほしい。そして、円の中央に点を描こう。それから、この点をあなたのほうに25センチほど引き寄せてほしい。すると、正方形をベースに立つ円錐《えんすい》ができるだろう。ここまですべて黒い線で描いてきたので、白や赤や黄色の線に変えてみよう。

24 これができたなら、あなたは素晴らしい進歩を遂げている。間もなく、心に浮かぶ

どんな問題にも集中できるようになるだろう。

どんな目標も目的も、明確に心に描けば、それが目に見える具体的な形で現れるのは時間の問題である。常にビジョンが先に現れ、それが現実化を決める。

――リリアン・ホワイティング（米国の作家）

10週目のレッスン――Q&A

1. 富とは何か？
富とは、パワーの産物だ。

2. 財産の価値とは？
財産が価値を持つのは、パワーを授けてくれるときだけだ。

3. 「原因と結果の法則」を知ることに、どんな価値があるのか？
大胆に計画を立て、恐れずに実行できるようになる。

4. 無機物の世界で、生命はどのように生まれるのか？

何らかの生命体を投入することによって生まれる。それ以外に方法はない。

5. 有限と無限をつなぐリンクとは何か？
思考。

6. それはなぜか？
宇宙意識は、個人の意識を通してしか顕在化できないから。

7. 「原因と結果の法則」は、何に支えられているのか？
両極性に支えられていて、両極の間に回路が形成されなくてはならない。宇宙意識は生命の電池の正極で、個人の意識が負極で、思考が両極の間に回路を形成する。

8. 多くの人は、なぜ調和の取れた状態を手に入れられないのか？
法則を理解していないからだ。両極性がなければ、回路は形成されない。

9. その解決策は？
「引き寄せの法則」を意識的に認識し、それを明確な目的のために働かせると決めること。

10．すると、どんな結果が得られるのか？

思考がその対象と相関関係を持ち、それを顕在化させる。なぜなら、思考はスピリチュアルな人間が生み出すものであり、目に見えない力《スピリット》は「宇宙の創造原理」だからだ。

生き生きとした思考は、それを描くパワーをもたらす。そして、その源が深ければ深いほど、それを投影する力も強くなる。

――ラルフ・ワルド・エマーソン

11週目のレッスン　因果の連鎖

あなたの人生は、法則に支配されている。それは現実の、決してぶれることのない不変の原理だ。その法則は、どんなときも、どんな場所でも働いている。人間のあらゆる行動の根底には、不動の法則が横たわっているのだ。そういうわけで、巨大企業の経営者は、一定の条件に10万人のうち何パーセントが反応するかを、正確に見極められる。

ただし、覚えておいてほしい。すべての結果は原因によってもたらされるが、その結果が今度は原因となって別の結果をもたらし、その結果がまた新たな原因となる。ゆえに、「引き寄せの法則」を作動させるときは、心に留めておいてほしい。自分は、よい結果、悪い結果……と無限の可能性を秘めた因果の連鎖を今、作動させようとしている、と。

よくこんな言葉を耳にする。「今、とてもつらい状況なんです。私の心構えのせいだなんてとんでもない。こんな結果を生むような思いを抱いたことなど一度もないのですから」。みんな、「類は友を呼ぶ」ことを忘れている。自分が抱いた思考がそれ相応の友人や交友関係を引き寄せ、そこから生まれた環境が、文句を言いたくなるような状況を生み出しているというのに。

1　帰納的推論とは顕在意識のプロセスで、さまざまな事例を比較し、すべての事例を引き起こしている共通因子を発見する手法だ。

2　帰納的推論は、事実を比較することで推論を行う。この手法で自然を研究した結果、万物が法則に支配されていることがわかり、人類に画期的な進歩をもたらした。

3　ここが迷信と知識の分かれ目となった。帰納的推論は、人間の生活から不確かで気まぐれな要素を取り除き、法則と理性と確実さに置き換えてきた。

4　前半のレッスンですでにお話しした、「門番」の役目を果たしてきたのだ。

5　このプロセスのおかげで、それまで五感でとらえられてきた世界が一変した。太陽が地球の周りを回っているのではなく、平らに見える地球が実は球体で、太陽の周りを

ぐるぐる回っていることが判明した。動かないように見える物質が、実は活性物質だとわかった。どこに望遠鏡や顕微鏡を向けても、宇宙はエネルギーと動きと生命にあふれる姿を見せている。こうなると、誰もが尋ねずにはいられない。繊細な生命の構造は、一体どのように秩序を保ち、修復されているのだろう、と。

6　同じ極や同じ力は反発し合い、遠ざけ合う。どうやらこの原理が、星と星、人と人、エネルギーとエネルギーの適切な距離を決めているようだ。一方、毛色の違う者同士がパートナーになるように、反対の極は引き合い、酸とガスのように共通点のないものがくっつき合う。世の中のさまざまなやりとりも、一方に余剰が、他方に需要があるから保たれている。

7　目が、今見ている色の補色を求め、補色に満足を覚えるように、ニーズや欲求や願望が行動を引き起こし、導き、決定している。

8　この両極性の原理を自覚し、それに従って行動できるのは、人間の特権だ。フランスの古生物学者ジョルジュ・キュヴィエは、ある絶滅した動物の一本の歯を目にした。この歯が機能するためには身体が必要だが、どんな身体が必要かは歯が正確に教えてくれたので、キュヴィエはその動物の骨格を再現することができた。

9　天王星の軌道には、ずれが観測されている。フランスの天文学者ユルバン・ルヴェリエは、そのずれをもとに計算をし、太陽系の秩序を保つためには、ある位置に別の惑星が存在しなくてはならない、と考えた。すると、所定の位置に、所定の時間に海王星が現れ、新惑星の発見に至った。

10　「動物の本能的な欲求と古生物学者の知的な欲求」は、「自然界の欲求と天文学者の意識の欲求」とよく似ている。そして、どちらも実を結んだ。存在への思いと、存在との相互作用である。法則に従った明確な望みが、自然界の複雑な営みを明らかにしたのだ。

11　人間は自然界からもらった答えを正しく記録し、科学を通して意識を広げてきた。地球を動かすレバーに手を置きながらも、人間は、外の世界との親密で深いさまざまなつながりを意識するようになった。人間の欲求や目的は今や、自然という広大な組織の円満な営みと歩調を合わせている。ちょうど国民の生活や自由や幸せが、政府の組織と一体であるように。

12　個人の利益は、自分の力だけでなく国の防衛システムによって守られている。そして、必需品が継続的に供給されるかどうかも、個人のニーズがどれほど広く確実に認識されるかにかかっている。同じように、「自然共和国」の一員であることを自覚し、偉大なパワーと手を結ぶことで、人は厄介な物事から身を守ることができる。

13 古代ギリシャの哲学者プラトンが、太陽の現在の写真を見ていたら、あるいは、人類が帰納的推論によって何を成し遂げたか、多くの事例を見ていたら、どうしていただろう？ 彼の師であるソクラテスの問答法「産婆術」を思い出し、肉体労働も、機械労働も、その繰り返しもすべて、自然のパワーに委《ゆだ》ねるような土地を思い描いていたかもしれない。そこは、人間の欲求が、意志が司《つかさど》る心の営みだけで満たされ、求めれば与えられる、そんな世界だ。

14 この土地がどれほど遠く見えても、帰納的推論は人間に、そこに向かって前進することを教えてきた。そして、さまざまな恩恵――過去の誠実さへの見返りと、粘り強い取り組みへの励まし――を与えてきた。

15 帰納的推論はまた、人間の集中力を高め、能力を強化することで、個人の問題にも普遍的な問題にも解決策を提示してきた。ただ心を純粋な形で働かせることで、物事を解決するのだ。

16　この方法の核心は、「求めていることを達成したいなら、すでに達成されたと信じること」だ。

17　帰納的推論はプラトンが私たちに授けたものだが、プラトン自身はこの考え方がどのように実現するのか、一度も確かめられなかった。

18　この考え方は、科学者兼神学者のエマヌエル・スヴェーデンボリの「照応の理説」でも、詳しく説明されている。また、さらに偉大な師であるイエスは、こう述べている。「祈り求めるものはすべて、すでに得られたと信じなさい。そうすれば、その通りになるだろう」（マルコ福音書11章24節）。この一節の時制の違いは、注目に値する。

19　願いはすでにかなった、とまず信じなければならない。結果はあとからついてくる、そう言っているのだ。これは、思考の創造のパワーを活用するための簡潔な処方箋《しょほうせん》だ。自分の願いを、すでにかなった既成事実として、宇宙の主観的な意識に刻みつけるのだ。

20　つまり、絶対の次元で思考し、条件や制限といった考えを取り除く必要がある。こうして種蒔《たねま》きをし、あとはそっとしておけば、いずれ発芽し、実を結ぶだろう。

21 では、おさらいしよう。帰納的推論とは顕在意識のプロセスで、さまざまな事例を比較し、すべての事例を引き起こしている共通因子を発見する手法だ。世界中の文明国で目にするのは、人々が自分でもよくわからないプロセスで結果を出し、「奇跡だ」と考えていること。だが、人は推論の力を授かっているので、よい結果をもたらす法則を突き止めることができる。

22 幸運な人たちはこうした思考プロセスを活用し、ほかの人たちが苦労の末に獲得するどんなものも楽々と手に入れている。良心の呵責《かしやく》に苦しむことがないのは、常に正しい行動を取っているからだ。いつも上手に立ち回り、どんなこともやすやすと学び、何を始めても才能に恵まれてやり遂げられる。いつも自分自身と調和して暮らし、自分の行動を深く省みることも、困難や苦労を経験することもない。

23 この思考の成果は、いわば「神々からの贈り物」だが、この贈り物を認識し、評価し、理解している人はほとんどいない。適切な条件が揃えばこの驚くべきパワーが心に宿ること、人間のあらゆる問題の解決に活用できることを認識するのは、途方もなく重要なのに、だ。

24 あらゆる真実は、現代の科学用語で話そうが、ローマ教皇時代の言語で語ろうが、

真実であることに変わりはない。真実は普遍的であるがゆえに、さまざまな表現を必要とする。決まり文句一つで、真実をあますことなく伝えることはできないのだ。なのに、それに気づかない臆病《おくびょう》な人々がいる。

25　強調する点が変わる、新たな言葉が使われる、新しい解釈やなじみのない視点が加わる――それらは、一部の人たちが言うような、真実から逸脱したしるしではない。むしろ、真実が人々の新たなニーズに合わせて、より広く理解されつつある証拠だ。

26　真実は、あらゆる世代のすべての人に、新しい、さまざまな言葉で語られなくてはならない。イエスは「祈り求めるものはすべて、すでに得られたと信じなさい。そうすれば、その通りになるだろう」と語り、イエスの使徒パウロは「信念とは望んでいる事柄の実現を確信し、まだ見ぬものの実在を確信することだ」と話し、現代科学は「引き寄せの法則とは、思考がその対象と相関関係を持つ法則である」と述べているが、どの言葉も分析すると、まったく同じ真実を含んでいる。ただ表現の仕方が違うだけだ。

27　私たちは今、新しい時代に踏み出そうとしている。人類が、パワーを使いこなす鍵《かぎ》を学ぶときがやってきたのだ。夢にも思わなかったほど素晴らしい、新たな社会秩序をつくる道が用意されつつある。現代科学と神学との対立、比較宗教学の研究、新しい社会運動のとてつもないパワー。こうしたすべてが、新たな秩序のために道を開こうとしている。これらは、時代遅れで役に立たない伝統的な構造を破壊しているかもしれないが、価値のあるものは何一つ失われていない。

28　むしろ、新たな信仰——新たな表現の形を求める信仰——が生まれつつある。それは、至るところで行われているスピリチュアルな活動を見るとわかるが、パワーに対する深い気づきの中で形をなしつつある。

29　鉱物の中で眠り、植物の中で息づき、動物の中で動き、人間の中で至高の発達を遂げる魂《スピリット》とは宇宙意識のことだ。私たちは、授かったパワーを理解していることを明らかにし、「存在」と「行動」の間に——理論と実践の間に——橋を架けなくてはならない。

30　史上最大の発見とは、間違いなく思考のパワーである。この発見の重要性が広く知られるまでには少々時間がかかりすぎたが、ようやく認知されるに至った。あらゆる研究分野で、この偉大な発見の重要性が証明されつつある。

31　思考の創造のパワーとは何か？　思考のパワーとは、アイデアを生み出す力だ。そのアイデアが、物質とエネルギーを配分し、発明し、観察し、識別し、発見し、分析し、支配し、組み合わせ、活用することで、自らを具現化する。思考にこんなことができるのは、知的で創造的なパワーだからだ。

32 思考が最も崇高な活動に至るのは、謎に満ちた自らの深みに飛び込んだときだ。つまり、思考が自己という狭い限界を突破して、真実から真実へ、さらには永遠の光の領域へ達したときである。そこは現在、過去、未来に存在する万物が一つに融《と》けて、壮大な調和をなしている領域だ。

33 この内観のプロセスから、インスピレーション——創造的英知——がもたらされる。それは間違いなく、自然界のあらゆる要素、力、法則よりも優れたものだ。なぜなら、それらを理解し、修正し、司り、自らの目標や目的に活用できる——思いのままにできる——英知だからだ。

34 英知は、理性の夜明けから始まる。そして、理性とは、物事の真の意味を教えてくれる知識や原理を理解する力にほかならない。つまり、英知とは知識という光に照らされた理性のことだ。この英知が謙遜《けんそん》につながる。謙遜は英知の大きな部分を占めているからだ。

35　私たちはみな、不可能に思えることを成し遂げ、生涯の夢をかなえ、自分自身を含むすべてを変革した、多くの人たちを知っている。誰もが、圧倒的なパワーを目の当りにして、驚いた経験があるはずだ。そうしたパワーは常に、一番必要なときにしか現れないように見えるが、今、すべてが明らかになった。必要なことは、明確な基本原理とその正しい活用法を理解することだけなのだ。

36　今週の課題は、「祈り求めるものはすべて、すでに得られたと信じなさい。そうすれば、その通りになるだろう」という聖書の言葉に集中することだ。「祈り求めるものはすべて」という言葉が明確に示しているように、何の制限もないことに気づこう。唯一制限があるとしたら、それは私たちの能力にある。それは思考し、臨機応変に対応し、危機に善処し、「信念とは影ではなく実体だ」、「信念とは望んでいる事柄の実現を確信し、まだ見ぬものの実在を確信することだ」と心に刻んでおく能力のことである。

死とは、あらゆる物質が新たな多様性の中で、再生というるつぼに放り込まれる自然のプロセスにほかならない。

11週目のレッスン――Q&A

1. 帰納的推論とは何か？
さまざまな事例を比較し、すべての事例を引き起こしている共通因子を発見する、顕在意識のプロセス。

2. この手法は何を成し遂げたのか？
万物が法則に支配されていることを発見し、人類に画期的な進歩をもたらした。

3. 何が行動を導き、決定しているのか？
ニーズや欲求や願望が行動を引き起こし、導き、決定している。

4. あらゆる個人の問題に、確かな解決策をくれる処方箋《しょほうせん》とは？
願いはすでにかなった、とまず信じなければならない。結果はあとからついてくる、という考え方。

5. それを提唱していた偉大な師とは？
イエス、プラトン、スヴェーデンボリ。

6. この思考プロセスは、どんな結果をもたらすか？
絶対の次元で思考し、種蒔《たねま》きをしているので、そっとしておけば、必ず発芽して実を結ぶ。

7. なぜこれが科学的に正しいのか？
「自然の法則」だからだ。

8. 信念とは何か？
信念とは望んでいる事柄の実現を確信し、まだ見ぬものの実在を確信すること。

9. 「引き寄せの法則」とは何か？
信念を具現化する法則。

10. この法則を理解することがなぜ重要なのか？
人間の生活から不確かで気まぐれな要素が取り除かれ、法則と理性と確実さに置き換えられるから。

12週目のレッスン　理解し活用する

では、レッスン12をご紹介しよう。このレッスンの四つ目の項に、次のような言葉が出てくる。「第一に、自分のパワーについての知識を持たなくてはならない。第二に、行動する勇気を、第三に、やり抜く信念を持たなくてはならない」。この考え方に集中し、徹底的に注意を向ければ、三つの文それぞれに大きな意味を見出《みいだ》すだろう。そして、それに同調するほかの思考も引き寄せ、やがて自分が心を注いでいる重要な知識の意義を、完全に理解できるようになるだろう。知識はひとりでに役立つものではなく、私たち一人一人が活用しなくてはならないものだ。そして、活用とは、思考に生きた目的を与え、豊かにすることである。

人々が目的もなく無駄に費やしている時間や思考を、明確な目的に正しく向ければ、奇跡が起こるだろう。そのためには、メンタルの力を特定の思考に集中させ、ほかの思考はすべて締め出す必要がある。カメラのファインダーをのぞいた経験があるなら、おわかりだろう。対象にピントが合っていないと、画像はぶれたりぼやけたりするが、ピントが合っていれば鮮明に写る。これが集中のパワーのよい例だ。対象に集中できなければ、あなたの理想もぼんやりとしたものになり、結果も、心の中のイメージに見合ったあいまいなものになるだろう。

1 人生のどんな目的も、思考の創造のパワーを科学的に理解すれば、最善の形で達成される。

2 この思考のパワーは、万人に共通のものだ。人は、考えるから人なのだ。人間の思考力は無限なので、人間の創造のパワーも無限である。

3 思考が私たちの考える物事を生み出し、実際に引き寄せることはわかっていても、人はなかなか恐れや不安や落胆を、頭から追い出すことができない。そうした思考はいずれも強力な力を持ち、私たちが願う物事を絶えず遠ざけている。だから、人は往々にして、一歩進んだら二歩下がることになるのだ。

4　そうした後退を防ぐ唯一の方法は、前進し続けることだ。後退しないよう永遠に警戒し続けることは、成功の代償だ。成功のための三つのステップがあるが、どのステップもなくてはならないものだ。第一に、自分のパワーについての知識を持たなくてはならない。第二に、行動する勇気を、第三に、やり抜く信念を持たなくてはならない。

5　これをベースに、あなたは理想のビジネス、理想の家庭、理想の仲間、理想の環境をつくることができる。材料にも費用にも制限はない。思考は全能で、必要なすべてを生み出す根源物質の無限の貯蔵庫を活用できるパワーを備えている。つまり、あなたは無限の資源を思いのままにできるのだ。

6　しかし、あなたが抱く理想は鮮明で、明確で、確かなものでなくてはならない。今日はある理想を、明日は別の理想を、翌週にはまた別の理想を抱いていたのでは、力が分散して何一つ達成できない。無駄にした材料を混沌《こんとん》と組み合わせたような、無意味な結果がもたらされる。

7　残念ながら、多くの人はこういう結果を日々手にしている。原因は、言うまでもないだろう。彫刻家が大理石と鑿《のみ》を持って仕事を始めたものの、15分おきに目指すものを変えていたら、どんな結果が期待できるだろう？　どんな物質よりも偉大で、自在に形を変えられる唯一本物の物質を捏《こ》ねているときも、まったく同じことが言える。

8 優柔不断やネガティブな思考の結果は、往々にして物質的な富を失う、という形で現れる。長年の苦労や努力の末に手にしたはずの財産が、突然消えてしまうのだ。そうなってはじめて、多くの人は理解する。財産とはお金や所有物のことではなく、思考の創造のパワーにまつわる実践的な知識だけなのだ、と。

9 自分が持てる唯一本物のパワーとは、この神聖な不変の原理に自分を合わせる力のことだ――と学ぶまで、この実践的な方法は使えないだろう。あなたには「無限の意識」を変える力はないが、「宇宙の法則」を理解することはできる。法則を理解すれば、自分には、あまねく浸透する「宇宙の思考」に自分の思考を合わせる能力がある、と自覚できるようになるだろう。この全能の意識とどれだけ協調できるかが、あなたの成功の度合いを決める。

10 思考のパワーには、多くのまがい物が存在する。大なり小なり魅力的だが、偽物のパワーは役立つどころか、害をもたらすだろう。

11 言わずもがなだが、不安や恐れをはじめとしたネガティブな思考は、それ相応の作

物を実らせる。ネガティブな思考を抱くと、蒔《ま》いた種を必ず刈り取る羽目になる。

12　また、「降霊術の会」などで得られる証拠や証明の類《たぐい》に飛びつく、心霊現象を求めてやまない人たちもいる。警戒心も持たずに、サイキックな世界にありがちなひどく有害な風潮にどっぷり浸ってしまうのだ。どうやら彼らはわかっていない。生命力を奪われ、ネガティブで受け身な状態になり、そうした場の波動にふさわしい思考を抱いていることに。

13　あるいは、ヒンドゥー教の崇拝者の中には、いわゆる達人が物質化した現象にパワーの源を見出す人もいる。彼らは忘れているか、まったく認識していないようだ。意志を引っ込めた途端に形はしぼみ、それをつくっている波動の力も消えてしまうことを。

14　テレパシー（思念伝達）はかなりの注目を集めているが、受け手側が受け身な心理状態にならざるを得ないため、実践は害を及ぼすだろう。思念は、見聞きさせることを意図して送られるが、創造原理を逆転させた報いを受けることになるだろう。

15　多くの場合、催眠術は、施術者にとっても被験者にとっても明らかに危険である。心の世界を司《つかさど》る法則を熟知している人なら、他人の意志を支配しようなどとは、決して考えないだろう。なぜなら、そうすることで、施術者は徐々に（だが確実に）自分自身のパワーを奪われるからだ。

16 こうした原理からの逸脱は、どれも束の間の満足をくれるし、強烈に魅了される人もいる。しかし、内なるパワーの世界を深く理解することのほうが、はるかに魅力的だ。内なるパワーは使えば使うほど強くなる上に、束の間ではなく永続的なパワーだ。過去の過ちや間違った思考の結果を改善してくれるばかりか、予防策としても働き、あらゆる危険から守ってくれる。その上、新たな状況や環境を生み出す創造のパワーでもある。

17 「引き寄せの法則」とは、思考がその対象と相関関係を持ち、心の世界で生み出したイメージに相当するものを、物質界に創出することだ。「成長の法則」によいことを具現化させたいなら、すべての思考には真実の芽が宿っている、と理解することが絶対に必要だ。永遠のパワーを授けられるのは、善だけだからだ。

18 思考にその対象と相関関係を持つ動的なパワーを与え、あらゆる逆境を克服させる原理が「引き寄せの法則」であり、それは「愛」とも呼ばれる。愛は万物にもともと宿っている不変の基本原理で、すべての哲学体系、すべての宗教、すべての科学に宿っている。何者も「愛の法則」からは逃れられない。思考に生命力を吹き込む感情とは願い

であり、願いとは愛である。愛が宿った思考は無敵になる。

19 思考のパワーが理解されている場所では、この真実が強調される。宇宙意識は知性であると同時に、物質でもある。この物質が、「引き寄せの法則」によって素粒子を集めて原子をつくる。原子もまた引き寄せの法則によって集められ、分子を形成する。そして、分子が物体を形づくる。つまり、「愛の法則」は、あらゆるもの――原子だけでなく、世界や宇宙、心にイメージできるすべてのもの――の具現化を支える創造の力なのだ。

20 あらゆる時代の、あらゆる年齢層の人々が、「私の願いや望みに応《こた》えて出来事を操り、必要なものを届けてくれる存在がいるに違いない」と信じてきたのは、この驚くべき「引き寄せの法則」のおかげである。

21 思考と愛の組み合わせが、「引き寄せの法則」という圧倒的な力を生み出すのだ。自然の法則はどれも、抵抗しがたい力だ。「万有引力の法則」、「電気の法則」、その他どんな法則も、数学的な精度で働いている。法則がぶれることはないが、法則の回路には不備があるかもしれない。たとえば、橋が落ちたときに「万有引力の法則のぶれのせいだ」と考える人はいないし、明かりがつかないからといって、「電気の法則は当てにならない」と結論づける人もいない。だから、「引き寄せの法則」が知識や経験が足りない個人に正しく働いていないように見えても、創造のシステム全体を支える偉大で完全無欠な法則が「働いていない」などと結論づけてはいけない。むしろ「法則をもっとよく理解する必要がある」と判断すべきなのだ。数学の難問を解く鍵《かぎ》が、簡単に見つかるとは限らないように。

22 物事は、行動や出来事として外の世界に現れる前に、心の世界、スピリチュアルな世界で創造される。だから今日、私たちが自分の思考の手綱を握る簡単な行動を取れば、今後——もしかしたら明日——人生に起こる出来事を創造する助けになるのだ。知識に基づく願望は、「引き寄せの法則」を作動させる、何よりも強力な手段だ。

23 人間は、考える力を得るために、まず道具をつくらなくてはならない生き物だ。脳細胞が受け取る準備を整えるまで、心は、新しいアイデアを理解することができない。だから、人間は、斬新《ざんしん》なアイデアを受け入れたり理解したりするのに苦労するのだ。それを受け取る脳細胞がないので、疑念を抱き、なかなか信じられない。

24 だから、「引き寄せの法則」の全能の力や、法則を作動させる科学的な方法をよく知らないなら、あるいは、法則がもたらす無限の可能性をよく理解していないなら、今す

ぐ無限のパワーを理解するのに必要な脳細胞をつくり始めよう。それには、集中（注意）の力が必要だ。無限のパワーは、自然の法則と協調すれば、あなたのものになるだろう。

25 集中力を司るのは意図だ。パワーは、安らぎを通してやってくる。集中力を使えば、深い思考、賢い言葉、高い潜在能力がもたらされる。

26 人は静寂の中で、あらゆるパワーの源である、潜在意識の全能のパワーと触れ合う。

27 英知やパワーをはじめ、永続的な成功を手に入れたいなら、いずれも内側にしか見当たらない。それらは、内側から開花していくものなのだ。経験が足りない人は、「静寂はごく単純なもので、容易に達成できる」と結論づけるかもしれないが、覚えておいてほしい。人は完全な静寂の中でのみ、宇宙意識に触れられる。不変の法則を学び、宇宙とやりとりする回路を開き、粘り強い実践と集中力で法則を使いこなせるようになるのも、完全な静寂の中だけなのだ。

28 今週も、いつもと同じ部屋へ行き、いつもと同じ椅子に座って、いつもと同じ姿勢を取ろう。リラックスし、心身ともに緊張を手放そう。常に気をつけてほしいのは、どんな頭脳労働も、プレッシャーのもとでは決して行わないこと。筋肉や神経の緊張をゆるめ、完全にくつろいでほしい。それができたら、全能の力と一つなのだと認識しよう。そのパワーに触れよう。そして、自分の思考能力は、宇宙意識に働きかけ、宇宙意識を顕在化する能力なのだと深く理解し、評価し、認識してほしい。その能力がどんな要求をも満たしてくれること、自分には、ほかのすべての人とまったく同じ潜在能力が備わっていることを自覚してほしい。一人一人は宇宙意識の表現もしくは顕現であり、誰もが全体の一部だから、そこに種類や質の違いはなく、あるのは規模の差だけなのだ。

思考は、表現される可能性がないものは何一つ思い描けない。それを最初に口にした者は提案者にすぎないかもしれないが、必ず実行者が現れる。

――ウッドロウ・ウィルソン（元米国大統領）

12週目のレッスン――Q＆A

1．人生の目的を最善の形で達成するには、どうすればよいか？
思考のスピリチュアルな本質を、科学的に理解すること。

2．成功に欠かせない三つのステップとは何か？
自分のパワーについての知識、行動する勇気、やり抜く信念。

3. 実践的な知識を手に入れる方法とは？
「宇宙の法則」を理解すること。

4. こうした法則を理解する見返りとは何か？
神聖な不変の原理に自分を合わせる能力があることを自覚できる。

5. 私たちの成功の度合いを決めるものは何か？
「無限の意識」を変えることはできないが、それと協調しなくてはならない、と認識できている度合い。

6. 思考に動的なパワーを授ける原理とは何か？
「引き寄せの法則」。この法則は波動に基づいており、「愛の法則」に基づいている。愛が宿った思考は無敵になる。

7. この法則はなぜ圧倒的な力を持つのか？
「自然の法則」だから。自然の法則はすべて抵抗しがたい不変の力で、数学的な精度で働いている。そこには狂いもぶれもない。

8. 人生の問題の解決策を見つけるのを、難しく感じる場合があるのはなぜか？数学の難問を解く鍵が簡単に見つからないのと同じで、当人の知識や経験が不足しているからだ。

9. 心は、なぜ斬新なアイデアを理解できないのか？そのアイデアを受け取れる脳細胞がないからだ。

10. どうすれば英知を手に入れられるのか？集中することで手に入れられる。英知は、内側から開花していくものなのだ。

13週目のレッスン　原因と結果の法則

物理科学は、今私たちが生きている驚くべき「発明の時代」に貢献しているが、精神科学《スピリチュアル・サイエンス》はまだスタートを切ったばかりで、誰も予測できないほどの可能性を秘めている。精神科学は、かつては教養のない人たちや迷信深い人たち、神秘主義者たちの論争の場だったが、人々は今や、明確な手法や証明ずみの事実にしか関心を持たなくなった。私たちは、思考がスピリチュアルなプロセスであることを理解している。ビジョンやイメージが先で、行動や出来事はあとからついてくること、夢想家の時代がやってきたことを理解するに至ったのだ。そういう意味で、アメリカの作家、ハーバート・カウフマンの次の文章は興味深いだろう。

「夢想家は偉大な建築家で、彼らのビジョンは魂の中に宿っている。彼らは、疑念のべールや靄《もや》の向こう側を見つめ、未来の壁を突破する。機械の一部として働くベルト車《ぐるま》、鉄鋼、スクリューポンプは、彼らが魔法のタペストリーを織る織機の杼《ひ》だ。帝国の建国者である彼らは、王冠よりも大きな冠を、玉座よりも高い座を求めて戦ってきた。あなたの家は、夢想家が発見した土地に建っている。その壁に飾られた絵は、夢想家の魂が描いたビジョンだ。彼らは少数の選ばれし者――道しるべとなる者――なのだ。壁が崩れて帝国が崩壊し、海から高波が勢いよく押し寄せて砦《とりで》をやすやすと打ち砕き、朽ちた国々が時代の大きな枝から落ちても、夢想家がつくったものだけは生き残るだろう」

レッスン13では、なぜ夢想家の夢がかなうのかをお話ししたい。夢想家、発明家、作家、資本家といった人たちの願いを実現させる「原因と結果の法則」を説明するつもりだ。心に描いたことが最終的に自分のものになる、その法則を解説していきたい。

1 これまで科学は、例外に基づく原理を一般化することで、当たり前の事実を明らかにしてきた。たとえば、たまにしか起こらない火山の噴火によって、地球の内部で絶えず活動し、地形に大きな影響を及ぼしている熱の存在が明らかになった。

2 同じように、たまに発生する稲妻は、無機物の世界で絶えず変化を起こしている微細な力の存在を明らかにした。また、今やほとんど聞かれなくなった死語が、かつては

国々を支配していたように、シベリアの巨大な歯や地中に眠る化石も、過去の進化の記録であるだけでなく、私たちが今日暮らす丘や谷の起源を説明してくれる。

3　このように、珍しい、不思議な、例外的な事実の一般化が羅針盤となって、帰納的科学のあらゆる発見を導いてきた。

4　この方法は、理性と経験に基づいているので、迷信や前例や慣習を破壊した。

5　イギリスの哲学者、フランシス・ベーコン卿《きょう》がこの研究方法を推奨して300年ほど経つが、文明諸国はおおむねこの手法のおかげで、繁栄と知識を獲得してきた。この手法は、狭量な先入観や名のある学説を、辛辣《しんらつ》な皮肉よりも効果的に追放し、驚くべき実験をすることで、人々の無知を力尽くで証明するより巧みに、人々の関心を超自然世界から現実へとシフトさせた。そして、有益な発見をすべての人に開かれたものにすることで、どんな励ましの言葉よりもはるかに強力に、人々の創造性に働きかけてきた。

6　ベーコンの方法——科学的な方法——は、ギリシャの偉大な哲学者たちの精神や意図を把握し、実行に移していった。新しい観察方法を用いて、天文学の無限の空間に、発生学の微細な卵細胞に、地質学の薄暗い時代に、驚くべき事実を少しずつ明らかにしていった。アリストテレスの論理では解明できなかった心拍の秩序を明らかにし、物質を過去には知られていなかった元素に分解した。これはスコラ哲学の弁証法ではできなかったことだ。

7　ベーコンの方法は寿命を延ばし、痛みを和らげ、病気を撲滅してきた。土壌を肥沃《ひよく》にし、船乗りの安全を強化し、大河に父の世代が知らなかった形の橋を架けている。雷を天から地上へ導き、昼間の輝きで夜を照らし、人間の視野を広げ、筋肉の力を増強させている。動きを加速させ、距離を消し去り、交流や文通、親睦《しんぼく》活動を支え、ビジネスの迅速化を促している。人間が海に潜り、空に飛び立ち、地中深くの有害な場所に安全に入り込むのを可能にしている。

8　つまり、これが帰納的推論の本質であり、適用範囲だ。帰納的科学が収めた成功が大きければ大きいほど、科学者が提示する教えや事例には納得させられる。一般的な法則を主張する前に、自由に使える手段や資源をすべて使って、個々の事実を注意深く、粘り強く、正確に観察することが極めて重要なのだ、と。

9　私たちは、アメリカの政治家兼科学者、ベンジャミン・フランクリンのように大胆になるべきだ。彼は、あらゆる状況で電気機械から出る火花の方向を確認しようと、凧《たこ》を使った実験で稲妻の性質を雲に尋ねた。物体がどのように落下するかは、ガリレオの観察のおかげで確認ずみだが、物体を地球にしばりつける力については、ニュートンに倣って、地球の引力に引っ張られている月に尋ねてみるべきではないだろうか。

10　要するに、真実を重んじ、着実で普遍的な進歩を望むなら、不都合な事実を無視したり骨抜きにしたりする横暴な先入観を許してはいけない。頻繁に起こる現象と同じように、まれにしか起こらない現象にも細心の注意を払う、広範かつ不変の基盤に立つ科学体系を構築しなくてはいけないのだ。

11　観察すれば膨大なデータを収集できるが、こうして蓄積された事実の価値はさまざまだ。私たちが稀《まれ》に見る優れた資質を持つ人間を重んじるように、自然哲学（訳注　現代で言うところの科学）も事実をふるいにかけ、日常的な観察では説明がつかないような例外的な事実を重んじる。

12　では、誰かが並外れたパワーを備えているとわかったら、どう結論づけるべきなのだろう？　まず、「そんなはずはない」と否定したくなるだろう。それは、自分の情報不足を認めているにすぎない。正直な研究者は、例外なく認めているからだ。不思議な、以前なら不可解だとされていたような現象は常に数多く発生している、と。思考の創造

のパワーを熟知している人なら、どんな現象も不可解だとは考えないだろう。

13　二つ目に、「超自然的な何かによるもの」と考える人もいるだろう。だが、自然の法則を科学的に理解すれば、超自然的なものなど存在しない、と確信するだろう。どんな現象も正確で明確な原因がもたらした結果であり、原因は不変の法則、もしくは原理だからだ。その法則は、意識されているか否かにかかわらず、ぶれなく正確に働いている。

14　三つ目に、「触れてはならない領域だ」と言う人もいるだろう。世の中には知るべきでないこともあるのだ、と。こうした反発は、知識が進歩するたびに発生している。コロンブス、ダーウィン、ガリレオ、フルトン、エマーソンなど、新しいアイデアを押し進めた人たちはみな、冷笑され、迫害されてきた。ゆえに、こんな反発を真剣にとらえる必要はない。むしろ、注目を浴びているすべての事実を、注意深く検討しなくてはならない。そうすれば、その事実が根差している法則を、もっとたやすく突き止められるだろう。

15　思考の創造のパワーが、身体面、メンタル面、スピリチュアルな面を問わず、私たちが遭遇するありとあらゆる状況や経験を説明することが、いずれわかるだろう。

16 思考は、あなたの心を支配している思い――心構え――にふさわしい状況を引き起こす。だから、大惨事を恐れていたら、恐れはパワフルな思考なので、結果として大惨事を引き起こしてしまう。長年の苦労や努力を台無しにしてしまうのは、この手の思考なのだ。

17 物質的な豊かさを思い描けば、それが手に入るだろう。思考を集中させれば、必要な状況がもたらされ、そこで適切な努力をすれば、願いを実現するのに必要な環境が生まれる。ところが、ほしいと思っていたものを手に入れたのに、期待通りの結果をもたらさないことがよくある。束の間の満足しか得られなかったり、場合によっては期待とまったく逆の状態に陥ったりする。

18 では、正しい手順をお教えしよう。心の底から願うものを手に入れるために、私たちはどんな思考を抱くべきなのだろう？　あなたや私、誰もが願い、求めているのは「幸せ」と「調和」である。心の底から幸せを感じれば、あらゆるものが手に入るだろう。自分自身が幸せなら、ほかの人たちを幸せにすることもできる。

19 ただし、健康、精神力、気の合う友達、快適な環境、十分な物資――必要な物をまかなうだけでなく、それ相応の心地よさやぜいたくを楽しめるもの――がなければ、人

は幸せを感じられない。

20 かつての物の考え方は、どんなにわずかでも分け前に満足する「虫けら」であれ、というものだった。だが、現代の考え方は、「自分には、すべてにおいて最高のものを手に入れる資格がある、と知っているべきだ」というものだ。そして、「父と私は一つである」こと、「父」とは宇宙意識であることも、知っていなくてはならない。宇宙意識とは創造主、万物を生み出す根源物質のことである。

21 さて、これが理屈の上では真実であり、過去2000年間にわたる教えであり、哲学や宗教体系の真髄であることはわかったが、それをどのように自分の人生に役立てればよいのだろう？　どうすれば今ここで、現実に目に見える結果が得られるのだろうか？

22 第一に、自分が持つ知識を実践しなくてはならない。何かを成し遂げたいなら、それしか方法はない。アスリートはトレーニングの本を読んだりレッスンを受けたりするだろうが、実際に運動して力を出さないことには、一生力はつかない。与えたものをいずれ受け取ることになるのだが、まず与えなくてはならないのだ。私たちにも、まったく同じことが言える。与えたものを受け取るためには、まずこちらから与えなくてはな

らない。そうすれば、何倍にもなって返ってくるだろう。そして、「与える」とは、思考プロセスのことにほかならない。思考が原因で、状況は結果だからだ。つまり、勇気、ひらめき、健康といったプラスの思考を抱くことで原因を作動させると、結果がもたらされるのだ。

23　思考はスピリチュアルな活動だから、創造力を持っている。ただし、勘違いしてはいけない。意識的、体系的、建設的な思考でなければ、何一つ生み出さないだろう。漠然と思考したところで努力が実ることはないが、建設的に思考すれば、たいていのことは達成できる。

24　すでにお話ししたように、私たちが手にするすべてのものは、「引き寄せの法則」によってもたらされる。幸せな思考は不幸な意識の中には存在し得ないので、まず意識を変えることが重要だ。意識が変わるにつれて、その新しい意識に合わせて、すべての状況が少しずつ変わっていくはずだ。

25　心の中にイメージや理想を描くとき、私たちは思考を、万物を創造する根源物質の中に投入している。根源物質は全知全能で、宇宙にあまねく広がっている。ところで、私たちはこの全知の意識に、願いを物質化する手段について情報を与えるべきだろうか？　有限の意識が無限の意識に対してアドバイスできるものだろうか？　これこそが失敗――あらゆる失敗――の原因である。私たちは宇宙の根源物質が至るところに浸透していることは認識していても、この物質が全知全能だという事実を理解できていない。この物質は、当人があずかり知らない出来事を動かし始めるのだ。

26 私たちは、宇宙意識の無限のパワーと無限の英知を認識することで、意図したことを最善の形で達成できる。こうして私たちは、無限の意識が願いを具現化する回路になる。つまり、認識することが具現化をもたらすのだ。したがって、今週の課題は原理を活用することだ。自分は全体の一部だ、という事実を認識しよう。一部は全体と種類や質は同じであり、違いがあるとすれば、規模の差だけなのだ、と。

27 このとてつもない事実があなたの意識に浸透し始め、あなた（肉体でも狭量な自我でもない、大いなる自己）――「私」、思考する魂《スピリット》ともいう――が大いなる全体の重要な一部であること、全体と一部は物質も種類も性質も同じであること、創造主は自らと異なるものは何一つ創造できないことを心から認識できれば、あなたは「父と私は一つである」と口にできるようになる。そして、美しさや崇高さ、超越的なチャンスが自分に与えられてきたことを理解するに至るだろう。

本当に大事なものを見つける英知を、もっと私に与えたまえ。英知が命ずることを成し遂げる決意を、もっと私に授けたまえ。

――ベンジャミン・フランクリン

13週目のレッスン――Q&A

1. 自然哲学者（訳注　現代で言うところの科学者）が知識を得たり、活用したりする方法とは？
一般的な法則を主張する前に、自由に使える手段や資源をすべて使って、個々の事実を注意深く、粘り強く、正確に観察すること。

2. この方法が正しいとなぜわかるのか？
不都合な事実を無視したり骨抜きにしたりする、横暴な先入観を許さない方法だからだ。

3. その際、どのような事実が重んじられるのか？
日常的な観察では説明がつかないような事実。

4. この原理は何に基づいているのか？
理性と経験。

5. この原理は何を破壊するのか？
迷信、前例、慣習。

6. こうした法則は、どのように発見されたのか？
珍しい、不思議な、例外的な事実を一般化することによって発見された。

7. 不思議な、以前なら不可解だとされていたような現象が、常に数多く発生していることをどう説明すればよいのか？
思考の創造のパワーを知れば、説明がつく。

8. それはなぜか？
事実を学べば、どんな現象も明確な原因がもたらした結果であり、原因はぶれなく正確に働いている、とわかるからだ。

9. この知識はどんな結果をもたらすのか？

身体面、メンタル面、スピリチュアルな面を問わず、あらゆる状況の原因を説明できるようになる。

10. どうすれば意図したことを最善の形で達成できるのか？
思考の創造的な本質を知れば無限のパワーに触れられる、という事実を認識すること。

14週目のレッスン　調和について

ここまで学んできて明らかになったのは、思考はスピリチュアルな活動なので、創造のパワーに満ちていることだ。これは、創造力を持つ思考もある、という意味ではなく、すべての思考には創造力が宿っている、という意味だ。この原理は、否定のプロセスを使えば、後ろ向きにも働く。顕在意識と潜在意識は、同じ心の営みの二つの側面にすぎない。顕在意識と潜在意識の関係は、大気と風向計の関係によく似ている。大気に少しでも圧力がかかれば風向計が動くように、顕在意識が少しでも思考を抱けば、潜在意識に動きが生じる。その反応の大きさは、抱いた感情の深さと思考の強さに比例する。

不満な状況にあなたが心を注がなければ、その状況からあなたの思考の創造のパワーを引き抜ける。つまり、その状況の根っこを切り取って、生命力を奪い去ることができる。思い出してほしいのは、客観的な世界であらゆる具現化を司《つかさど》っているのは、「成長の法則」だということ。だから、不満な状況に心を注ぐのをやめても、即座に変化は現れないだろう。植物の根っこを切ってもしばらくは生き続けるが、次第にしぼんで、いずれ枯れてしまうように、不満な状況からあなたの思考を引き抜けば、徐々にだが確実にその状況は消える。

これは、私たちが普段取っているのとまったく逆のアプローチなので、まったく逆の結果をもたらすだろう。ほとんどの人は、不満な状況に熱心に心を注ぐので、その状況が勢いづくのに必要なエネルギーを与えてしまっている。

1　あらゆる動き、光、熱、色の源である「宇宙エネルギー」は、自らが生み出す多くの結果と違って無限であり、万物の上に君臨している。宇宙の根源物質は、すべてのパワー、英知、知性の源である。

2　この知性を認識すれば、宇宙意識が持つ秘密の知識を手に入れられる。そして、その知識を使えば、宇宙の根源物質に働きかけ、自分の人生を根源物質と同調させられるようになる。

3 これは、物理科学の博識な師がまだ試みていない、まだ探求していない領域である。実際、物質主義的な研究分野のほとんどが、この知性の最初の光線をつかまえていない。彼らは、パワーや物質と同じように英知も至るところに存在していることを、認める準備ができていないようだ。

4 こんなふうに言う人もいるだろう。「そういう原理が真実なら、なぜ私たちには起こらないのだろう?」「根本的な原理は明らかに正しいのに、なぜ正しい結果が得られないのだろう?」と。いや、得ているのだ。私たちが得ている結果は、「宇宙の法則」をどれだけ理解し、どれだけ正しく活用できているかへの答えなのだ。私たちが電気の恩恵を受けているのは、誰かが法則を公式化し、活用法を教えてくれたからだ。

5 法則を理解して活用したおかげで、私たちは環境と新しい関係を築き、かつては夢にも思わなかったような可能性が開かれつつある。すべては私たちの心構えにまつわる、秩序ある法則のおかげだ。

6 心は創造力を持っている。そして、この法則を支える原理は健全で、合理的で、物事の本質にもともと宿っているものだ。

7　しかし、この創造のパワーは個人ではなく宇宙意識から生じたものだ。宇宙意識はあらゆるエネルギーや物質の源泉であり、個人はそのエネルギーを分配する回路にすぎない。個人とは、宇宙がさまざまな組み合わせを生み出し、さまざまな現象をもたらす手段なのだ。

8　科学者が物質を膨大な数の分子に分解してきたことを、私たちは知っている。分子は原子に、原子は素粒子に分解される。硬質合金のヒューズ端子がついた高真空ガラス管の中で素粒子が発見されたことから、素粒子があらゆる空間を満たし、至るところに存在していることがわかる。素粒子はあらゆる物体を満たし、空いた空間もすべて満たしている。つまり、これこそが、万物を生み出す宇宙の根源物質なのだ。

9　素粒子は、寄り集まって原子や分子を形成するよう導かれない限り、永遠に素粒子のままだ。これを導くのが宇宙意識である。エネルギーの中心の周りを回るたくさんの素粒子が、原子を構成する。原子は一定の数学的比率で結びつき、分子を構成する。そして、分子が結合し合って大量の複合物をつくり、それが結合して宇宙を形成している。

10　最も軽いことで知られる原子は水素だが、水素は素粒子の一種である電子より約一840倍も重い。水銀の原子は、電子の約30万倍の重さだ。電子は純粋に負の電荷を持ち、熱や光、電気、思考といったほかのすべての宇宙エネルギーと同じポテンシャル速度（秒速約30万キロメートル）を持つので、時空間を考慮する必要がない。ちなみに、光の速度が解明された方法は、実に興味深い。

11 光の速度は、１６７６年、デンマークの天文学者レーマーが、木星の衛星の食の観測によって割り出した。地球が木星に最も近づいたとき、食は計算より約８分30秒早く現れ、地球が木星から最も離れたときには、約８分30秒遅く現れた。レーマーはその理由を、木星からの光が、地球の公転軌道の直径――木星と地球が最も近づくときと最も遠ざかるときの、木星と地球の距離の差――を進み切るのに17分かかるからだ、と結論づけた。この計算の正しさはのちに実証され、光の速度が秒速約30万キロメートルであることが証明されている。

12 素粒子は体内では、原子、分子、細胞として現れている。細胞は、人体において自らの役割を果たすのに十分な意識と知性を備えている。身体のすべての部分は細胞からできており、独自に機能する細胞もあれば、群れで機能している細胞もある。組織をつくるのに忙しい細胞もあれば、身体に必要なさまざまな分泌物の生成に従事する細胞もある。物質の運搬係も、損傷を修復する外科医もいれば、老廃物を運び出す清掃員や、細菌を持ち込む侵入者を撃退する準備を常に整えている細胞もいる。

13　これらの細胞はすべて共通の目的のために働いている。各細胞は生命体であるだけでなく、必要な任務を果たす知性を備えており、エネルギーを蓄え、生命を長持ちさせる知性も授かっている。生命を長持ちさせるためには、適切な栄養を確保しなければならないので、細胞が栄養を選択することもわかっている。

14　それぞれの細胞は生まれ、増殖し、死んで吸収される。健康と生命の維持は、こうした細胞の絶え間ない再生に支えられている。

15　したがって、身体のすべての原子に意識があることは明らかだ。この意識は受け身な意識で、個人の思考のパワーには自らをポジティブに変える力があるから、この受け身な意識の手綱を握れる。これが「霊的治療《メタフィジカル・ヒーリング》」と呼ばれる現象への科学的な説明だ。こう考えると、この驚くべき現象の原理を、誰もが理解できるのではないだろうか。

16　身体のすべての細胞に宿るこの受け身な意識は、顕在意識の知識を持たずに活動しているので、潜在意識と呼ばれている。潜在意識は、顕在意識の意志に反応することがわかっている。

17 万物の源泉は意識にあり、表に現れているものは思考の結果だ。つまり、物事そのものには、起源も永続性も現実性もないのだ。物事は思考が生み出しているのだから、そこから思考のエネルギーを取り除けば、物事を消し去ることができる。

18 自然科学と同じように、心の世界においても種々の実験が行われ、発見のたびに、人間は目標に一歩ずつ近づいてきた。すべての人は、人生でどんな思考を抱いてきたかの反映である。それが顔に、姿に、性格に、環境に刻まれている。

19 すべての結果の背後には、原因がある。それを出発点までたどれば、その結果を生み出した創造原理がわかるだろう。完全な証拠が揃っているので、この真実は広く受け入れられるだろう。

20 客観的な世界は、目に見えない、説明できないパワーに支配されている。私たちはこれまで、このパワーを人格化し、「神」と呼んできた。しかし、私たちは今、それを万物に浸透する真髄や原理——無限の意識、宇宙意識——と見なすことを学んだ。

21 無限かつ全能の宇宙意識は、無尽蔵の資源を思いのままにできる。その上、この意識が宇宙にあまねく浸透していることを思えば、こう結論づけるほかなくなる。私たち

は、宇宙意識の表現、もしくは顕現に違いない、と。

22　潜在意識に備わる資源を認識し、理解すれば、潜在意識と宇宙意識には、規模の差しかないことがわかるだろう。両者は一滴の水と大海のようなもので、種類も質もまったく同じ。規模の差があるだけだ。

23　あなたはこの重要な事実がどれほどの価値を持つか、理解しているのだろうか？　このとてつもない事実を認識すれば、全能の意識に触れられる、と気づいているのだろうか？　潜在意識が宇宙意識と顕在意識をつなぐリンクであるなら、潜在意識が行動に移す思考を、顕在意識が意図的に提示できるのは明らかではないだろうか？　また、潜在意識が宇宙意識と一つであるなら、潜在意識の活動に何一つ制限が課されないのは明らかではないだろうか？

24　この原理を科学的に理解すると、なぜ祈りのパワーが素晴らしい結果をもたらすのかがわかるだろう。それらは、神の特別な施しによってもたらされるのではなく、「自然の法則」が働いた結果なのだ。つまり、そこには宗教も神秘も一切関与していない。

25　それでも、多くの人は正しい思考のために必要な訓練を始めようとはしない。間違った思考が失敗を引き起こしているのは明らかなのに。

26 唯一実在しているのは、思考である。状況は、外の世界に現れたものにすぎない。思考が変われば、外の物質的な状況も、その創造主である思考と同調するために、変わらざるを得ないのだ。

27 だが、その思考は鮮明で、揺るぎなく、確かで、明確で、不変のものでなくてはならない。一歩進んで二歩下がっている場合ではないのだ。20年も30年もネガティブな思考を重ね、ネガティブな状況を積み上げておきながら、15分か20分の正しい思考ですべてが溶けてなくなる、などと期待してはいけない。

28 人生を根本的に変える訓練を始めるなら、熟考し、徹底的に検討した上で、慎重に事に当たらなくてはならない。やると決めたら、何事にも邪魔をさせてはならないのだ。

29 この訓練、この思考の変化、この心構えは、最高の幸福に必要な物質をもたらすだけでなく、健康をはじめ、すべてにおいて円満な状況をもたらしてくれる。

30 人生を調和に満ちた状態にしたいなら、調和に満ちた心構えを育《はぐく》まなくてはならな

い。

31　外の世界は、あなたの内なる世界を反映したものだ。

32　今週の課題は、「調和」に集中することだ。私が「集中」という言葉を使うときは、その言葉が意味するすべてを含んでいる。調和以外の何も意識しなくなるまで、深く、本気で集中しよう。覚えておいてほしい。人は、実践しながら学ぶものだ。本書を読んだだけでは、何も変わらないだろう。活用しなければ、宝の持ち腐れである。

扉を閉めて、心からも、オフィスからも、あなたの世界から一切締め出すことを学ぼう。明確な目的も、有益な目的もなく、あなたの世界に入り込もうとするあらゆる要素を。

――ジョージ・マシュー・アダムズ

14週目のレッスン――Q&A

1. あらゆる英知、パワー、知性の源とは何か？
宇宙意識。

2. あらゆる動き、光、熱、色の源はどこにあるのか？
「宇宙エネルギー」の中にある。宇宙エネルギーは、宇宙意識の現れの一つだ。

3. 思考の創造のパワーの源はどこにあるのか？
宇宙意識の中にある。

4. 思考とは何か？
動く心。

5. 宇宙意識は、どのように分化して形をなすのか？
宇宙意識は、個人を使ってさまざまな組み合わせを生み出し、さまざまな現象をもたらす。

6. それはどのように達成されるのか？
個人が思考能力を使って宇宙意識に働きかけ、宇宙意識を顕在化させる。

7. 私たちの知る限り、宇宙意識が最初に取る形態とは？

あらゆる空間を満たす素粒子。

8. 万物の源泉はどこにあるのか？
意識の中にある。

9. 思考が変わると、どんな結果が生まれるのか？
状況が変わる。

10. 調和に満ちた心構えを育むと、どんな結果が生まれるのか？
人生が調和に満ちた状態になる。思考は形のないものかもしれないが、人生の結果を形づくる母体なのだ。

実り多き今世紀の間、心は、あらゆる分野で活発に働いてきた。しかし、私たちは、あらゆる思いを形づくってきた思考を、科学の分野にこそ求めなくてはならない。

15週目のレッスン　言葉を選ぶ

植物の寄生虫の実験でわかるのは、最下層の生物でも自然の法則を活用できることだ。この実験をしたのは、ロックフェラー研究所のメンバーで医学博士のジャック・レーブだ。「データを得るために、鉢植えのバラの木を室内に持ち込み、閉めた窓の前に置いた。その後、木が枯れると、それまで羽のなかったアブラムシ（寄生虫）が、羽のついた昆虫に変わった。変身のあと、昆虫は植物から離れて窓まで飛んでいき、窓ガラスを這《は》いのぼった」

このちっぽけな昆虫が、自分たちが栄養にしていた木が枯れてしまい、これ以上食べたり飲んだりできない、と気づいたことは明らかだ。飢えから身を守る唯一の方法は、一時的に羽を生やして飛ぶことだったから、昆虫はその通りにした。こうした実験からわかるのは、全知全能の意識があまねく浸透していること、そして、これほど小さな生物でも、いざというときにはそれを活用できることだ。

レッスン15では、私たちの人生を司《つかさど》る法則について、さらに詳しくお話しするつもりだ。これらの法則が私たちのためになるように働いていること、あらゆる状況や経験が恩恵をくれること、努力すればするほど力がつくこと、自然の法則と意識的に協調すれば、幸せが最善の形で手に入ることがわかるだろう。

1　人生を司る法則はひとえに、私たちのためになるように設計されている。これらの法則は不変のもので、誰もその働きからは逃れられない。

2　偉大なる永遠の力はすべて、厳かな静寂の中で働いているが、私たちには、偉大な力と同調し、平和と幸福に満ちた人生を実現するパワーがある。

3　困難や不調和や障害が示しているのは、自分がもはや必要のないものを手放すのを拒んでいるか、必要なものを受け取るのを拒んでいるか、そのどちらかだということである。

4　成長は、古いものを新しいものと、よいものをさらによいものと取り替えることで達成される。つまり、成長の条件は相互作用なのだ。私たち一人一人は完全な思考体で、その完全さゆえに、与えたときにしか受け取ることができないからだ。

5　持っているものにしつこくしがみついていると、自分に足りないものを手に入れることはできない。自分が引き寄せているものの意味に気づけば、状況を意識的にかじ取りできるようになるし、一つ一つの経験から、さらに成長するために必要なものだけを引き出せるようになる。これができるか否かによって、どれほどの調和や幸せを実現できるかが決まる。

6　自分の成長に必要なものを明らかにする能力は、より高い次元に達し、視野が広がるにつれてますます高まる。そして、必要なものを知る能力が高まれば高まるほど、確実にその存在に気づき、引き寄せ、吸収できるようになる。自分の成長に必要なもの以外は、何一つやってこなくなるだろう。

7　遭遇する状況や経験はすべて、私たちのためになるように起こっている。困難や障害は、そこから英知を吸収し、成長に必要なものを収穫するまで、繰り返しやってくるだろう。

8　「蒔《ま》いた種《たね》を刈り取る」というが、たしかにその通りだ。困難を克服するのに費やした努力の分だけ、不変の強さを手にするだろう。

9　成長の必要条件は、自分と完璧《かんぺき》に調和したものを最大限に引き寄せることだ。最高の幸せは、自然の法則を理解し、それと意識的に協調できれば、最善の形で手に入れられる。

10　思考に生命力を吹き込むためには、思考を愛で満たさなくてはならない。愛は感情の産物である。ゆえに、知性と理性で感情の手綱を握り、導くことが重要なのだ。

11　思考に生命力を与え芽吹かせるのは愛だ。引き寄せの法則、もしくは愛の法則――両者は同じものだ――が、思考が成長し、成熟するのに必要な物質をもたらすだろう。

12　思考はまず、言語または言葉として形をなす。だから、言葉は重要なのだ。言葉は思考の具現化の第一歩であり、思考を運ぶ船のようなものだ。言葉は空気を動かし、思考を音という形で再生して、ほかの人たちに届ける。

13 思考はありとあらゆる行動につながり得るが、どんな行動であれ、それは目に見える形で自己表現しようとしている思考にほかならない。だから、望ましい状況を手に入れたいなら、望ましい思考を抱くしかないのだ。

14 ここから導かれる結論は、むろん次の通りだ。人生に豊かさを表現したいなら、豊かなことだけを考えなくてはならない。また、言葉は思考が形をなしたものにほかならないので、建設的で調和に満ちた言葉だけを使うよう、とくに気をつけなくてはならない。そうすれば、思考が最終的に具現化するとき、恩恵をもたらすだろう。

15 人は、自分が絶え間なく心に焼きつけているイメージから逃れられない。幸せに反するような言葉を使っていると、間違ったイメージが心に焼きついてしまう。

16 より高次元の明確な思考を抱くようになれば、そこにますます生命力が吹き込まれる。低次元の思考を手放し、明確な言葉でイメージを構築すれば、たやすく生命を吹き込める。

17 思考を表現するには、言葉を使わなくてはならない。だから、高次元の真実を活用したいなら、目的を見据えて慎重に賢く選んだ言葉だけを使わなくてはならない。

18　思考を言葉で表現する、という、この素晴らしい能力が、人間とほかの動物との違いだ。書き言葉のおかげで、人間は何世紀もさかのぼって、当時の感動的な出来事を目の当たりにすることができる。

19　書き言葉のおかげで、人間は史上最も偉大な作家や思想家と交流できる。つまり、今日私たちが手にしている記録や文献は、人間の心の中で形をなそうと努めてきた「宇宙の思考」の表現なのだ。

20　宇宙の思考が形をなすのを目標にしていることを、私たちは知っている。そして、個人の思考も、常に自らを形で表現しようと試みている。また、言葉は思考形態の一つであり、その思考形態の組み合わせが文章である。だから、理想の神殿を美しく頑丈なものにしたいなら、それを構築する言葉は正確でなくてはならないし、慎重に組み合わせなくてはならない。言葉や文章を正確に構築することは、文明社会における最高の建築術であり、成功へのパスポートだ。

21　言葉は思考であり、目に見えない無敵のパワーを秘めている。ゆえに最終的に、与えられた通りの形に具現化する。

22 言葉は永遠に生き続ける心の宮殿になるかもしれないし、そよ風にさらわれる掘っ立て小屋になるかもしれない。人々の目や耳を楽しませるものや、あらゆる知識を宿したものになるかもしれない。言葉の中に、私たちは過去の歴史や未来への希望を見出《みいだ》す。言葉は生きたメッセージで、そこからあらゆる人間の活動や人知を超えた活動が生まれる。

23 言葉の美しさは、思考の美しさから生まれる。言葉のパワーは、思考のパワーから生まれる。思考のパワーは、思考の生命力の中から生まれる。では、どうすれば生命力に満ちた思考を見つけられるのだろう？　その顕著な特徴とは、どのようなものなのだろう？　そこには、原理が備わっているはずだ。では、どのようにその原理を見つけられるのだろう？

24 「数学の原理」はあるが、「間違いの原理」はない。「健康の原理」はあるが、「病気の原理」はない。「真実の原理」はあるが、「嘘の原理」はない。「光の原理」はあるが、「闇の原理」はない。「豊かさの原理」はあるが、「貧困の原理」は存在しない。

25 これが本当だとどうしてわかるのだろう？　「数学の原理」を正しく活用すれば、

正しい結果が出るからだ。健康があるところに、病気はない。真実を知っていれば、嘘にだまされることはない。光を取り込めば、闇が入り込む隙はないし、豊かさがあるところに、貧困は存在しない。

26 これらは当たり前の事実だ。しかし、極めて重要な次の真実が、これまで見過ごされてきたようだ――原理を備えた思考には生命が宿っているから、いずれ根を張り、ゆっくりとだが確実にネガティブな思考を追い払う。ネガティブな思考には、もともと生命力がないからだ。

27 この真実を知れば、あらゆる不和、不足、制限を打ち倒すことができる。

28 そこには、何ら疑問の余地はない。聖書にも出てくる「知恵があって、これを悟ることのできる者」は、直ちに認識するはずだ。思考の創造のパワーから無敵の武器を授かれば、自分の運命の手綱を握ることができる、と。

29 物質界には、「補償の法則」がある。それは、「どこかに一定量のエネルギーが出現すれば、別の場所で同じ量のエネルギーが消失する」という法則だ。だから、与えた分だけ受け取るのだ。ある行動を取ると誓ったら、その後の展開に責任を負う覚悟をしな

くてはならない。潜在意識は論理的に判断できないので、自分の言葉を真に受ける。過去に何かを求めたから、あなたは今、それを受け取っているのだ。蒔いた種は刈り取らなくてはならない。賽《さい》は投げられた。糸は、あなたがデザインした通りの模様を編むだろう。

30 だから、自分が抱く思考に、メンタル面、モラル面、身体面を問わず、人生で具現化したくない要素が含まれないよう、洞察力を鍛えなくてはならない。

31 洞察力は、事実や状況を大局的に判断する心の能力で、人間に備わる望遠鏡のようなものだ。洞察力があればどんな仕事をするときも困難と可能性のどちらも把握できる。

32 洞察力があれば、今後遭遇しそうな障害に備えられる。だから、厄介な事態が生じる前に、障害を克服できる。

33 洞察力があれば、思考や注意を、見返りのなさそうな方向にではなく、正しい方向に向けられる。

34 つまり、偉業を達成したいなら、洞察力は絶対に必要だ。洞察力があれば、どんな心の領域にも足を踏み入れ、探求し、思いのままにすることができる。

35 洞察力は内なる世界の産物で、静寂の中で集中することによって育まれる。

36 今週の課題は、洞察に集中することだ。いつもと同じ姿勢を取り、思考を次の事実に集中させよう――思考の創造のパワーを知っているだけでは、思考のコツはつかめない。また、次の事実を深く心に刻もう――知識はひとりでに役立つものではない。私たちの行動は知識にではなく、習慣や前例や癖に支配されている。知識を活用できるようになる唯一の方法は、意識的に確かな努力をすることだ、と。心に留めておいてほしい。知識は使わないと忘れてしまう。この情報は、原理を活用してはじめて価値を持つのだ。このように考え続けるうちに、洞察を得て、あなた自身の問題に、この原理を適用する確かな計画が立てられるようになる。

正しく考えよ。そうすれば、汝《なんじ》の思考が
世界の飢えを救うだろう。
正しく話せ。そうすれば、汝の一言一言が
実りをもたらす種になるだろう。
正しく生きよ。そうすれば、汝の人生が

偉大かつ崇高な信念になるだろう。

――ホレイシャス・ボナー（スコットランドの讃美歌作家《さんびかさっか》）

15週目のレッスン――Q&A

1. どれほど調和を実現できるかは、何によって決まるのか？
一つ一つの経験から、自分の成長に必要なものを明らかにする能力。

2. 困難や障害は、どういう意味を持っているのか？
それらは、英知やスピリチュアルな成長を得るために必要なものだ。

3. どうすればこうした困難を回避できるのか？
自然の法則を理解し、それと意識的に協調すること。

4. 思考はどんな原理によって、具現化するのか？
引き寄せの法則。

5. アイデアが成長、発展、成熟、具現化するのに必要な材料は、どうすれば手に入れられるのか？

宇宙の創造原理である「愛の法則」が思考に生命力を吹き込むと、「引き寄せの法則」が、「成長の法則」を通して必要な物質をもたらしてくれる。

6. どうすれば望ましい状況を手に入れられるのか？
望ましい思考だけを抱くこと。

7. 望ましくない状況は、どのようにもたらされるのか？
不足、制限、病気、不調和、不和にまつわる状況を思考し、議論し、ビジュアライズすることによってもたらされる。間違ったイメージが潜在意識に取り込まれると、「引き寄せの法則」がそれを客観的な世界で具現化してしまう。つまり、「蒔《ま》いた種を刈り取る」という言葉は、科学的に正しいのだ。

8. あらゆる恐れ、不足、制限、貧困、不和を、どうすれば克服できるのか？
間違いを、原理に置き換えること。

9. どうすれば原理を認識できるのか？
真実は必ず間違いを破壊する、という事実を認識すること。闇を苦労してシャベルでかき出す必要はない。ただ明かりをつければいいのだ。同じ原理が、あらゆるネガティブな思考に適用される。

10. 洞察力にはどんな価値があるのか？
洞察力があれば、学んだ知識を活用することの重要性を理解できる。多くの人は知識がひとりでに役立つと考えているようだが、それは真実ではない。

すべての人に道は開かれている。
高い魂は高い道をのぼり、
低い魂は低い道を手探りで行く。
そのどちらでもない霧のかかった平らな道を
残りの人たちがうろうろとさまよう。
それでも、すべての人に道は開かれている。
高い道、低い道が。
そして、すべての人が決めるのだ。
自分の魂が進むべき道を。

——ジョン・オクセンハム（英国のジャーナリスト・詩人）

16週目のレッスン　周期《サイクル》の法則

惑星の活動は、「周期の法則」に支配されている。生きとし生けるものには、誕生、成長、成熟、衰退の時期があり、それらは「7の法則」に支配されている。7の法則は、曜日や月の満ち欠け、さらには、音、光、熱、電気、磁気、原子構造の調和を司《つかさど》っている。そして、個人や国家の生活を支配し、ビジネス界の活動も牛耳っている。

生命とは成長であり、成長とは変化であり、私たちは7年ごとに新しい周期《サイクル》に入る。最初の7年間は幼年期だ。次の7年間は児童期で、個人としての責任を負い始める。次の7年間は青年期で、その次の四度目の周期で完全な成長を遂げる。五度目の周期は建設的な時期で、財産や所有物、家や家族を持ち始める。次の35～42歳の期間は反動と変化の時期で、そのあとに再建と調整と回復の時期が訪れ、49歳から始まる新たな周期に備える。世界は今、六度目の周期を終えつつあり、間もなく七度目の周期――再調整と再建と調和の時期――に入る、と考えている人は多い。「至福千年《ミレニアム》」（訳注 キリストが再臨してこの世を統治する、と新約聖書に記された1000年間）と呼ばれる時代に入る、というのだ。

こうした周期を熟知していれば、物事がうまくいかないように見えても不安に駆られることなく、本書で説明している原理を活用できる。高次の法則は常にほかのすべての法則を支配しているから、スピリチュアルな法則を理解し、意識的に働かせば、一見困難に見えることも必ず恩恵に変えられる――という自信が持てる。

1 富は労働の産物だ。お金は、原因ではなく結果だ。主人ではなく僕《しもべ》だ。目的ではなく手段だ。

2 最も広く受け入れられている富の定義は、「交換価値を持つ、役に立つ好ましいもので構成されている」というもの。富の一番の特徴は、交換価値があることなのだ。

3 富が持ち主の幸せにほんの少し貢献できる理由を考えると、富の真価が、富そのものではなく何かと交換できることにあるのは明らかだ。

4　交換価値があるから、富は、理想を現実に変える本当に価値のあるものを得る手段になるのだ。

5　つまり、富は目的としてではなく、目的達成の手段としてのみ求められるべきものだ。成功できるかどうかは、単にお金を貯めることよりも高い理想を抱いているか否かにかかっている。成功を目指すなら、進んで努力できるような理想を構築しなくてはならない。

6　胸に理想を抱いていたら、道や手段は必ず用意されるが、手段と目的を取り違えてはならない。確固たる明確な目的——理想——がなくてはならないのだ。

7　アメリカの作家、プレンティス・マルフォードは言った。「成功者はスピリチュアルな世界をとりわけ深く理解しており、巨万の富はすべて、優れた真のスピリチュアル・パワーから生まれている」と。残念ながら、このパワーを認識できない人たちもいる。彼らは忘れているのだ。「鉄鋼王」と呼ばれたアンドリュー・カーネギーの母親が、一家がアメリカに移住した頃は家計を助けるために働かねばならなかったこと、「鉄道王」と呼ばれたエドワード・ハリマンの父親は、年収わずか２００ドルの貧しい牧師だったこと、そしてトーマス・リプトン卿《きょう》も、わずか25セントからスタートしたことを。彼らには、スピリチュアル・パワー以外に何の力もなかったけれど、決してあきらめなかった。

8 創造のパワーが使えるかどうかは、完全にスピリチュアル・パワー次第だ。創造には、理想化、視覚化《ビジュアライゼーション》、物質化という三つのステップがある。実は、大物起業家は、もっぱらこのパワーに頼っている。石油会社「スタンダード・オイル」の創設者で億万長者のヘンリー・M・フラグラーは、『エブリバディーズ・マガジン』の記事で、自分の成功の鍵《かぎ》は、物事を完璧《かんぺき》に思い描く能力にある、と認めている。記者との次の会話は、理想化、集中力、ビジュアライゼーションといった、彼のスピリチュアル・パワーを示している。

9 「あなたは本当に、すべてを思い描いたんですか？　つまり、本当に目を閉じて線路を見たんですか？　見えたのですか？　汽車が走る光景を？　汽笛を聞いたんですか？　そこまでしたのですか？」。「はい」。「どれくらい鮮明に？」。「非常に鮮明に」

10 ここに、法則の働きが見て取れる。「原因と結果」が見える。常に思考が先行し、行動を決めているのがわかる。賢い人なら、とてつもない事実に気づくだろう。世の中に、偶発的な状況など一瞬たりとも存在しない。人間が経験することは、秩序と調和に

満ちた因果の連鎖の当然の結果なのだ、と。

11 ビジネスの成功者はたいてい理想家で、さらなる高みを目指して全力で努力している。毎日の気分の中で培われる不思議な思考の力が、その人の人生を形成している。

12 思考は自在に形を変える物質で、私たちは思考を使って人生のイメージを構築できる。ただし、使わなければないのと同じだ。ほかのこともそうだが、正しく認識し、正しく活用することが、達成の――思考を具現化する――必要条件なのだ。

13 機が熟す前に富を獲得すると、恥をかいたり災難に見舞われたりしがちだ。身の丈に合わないもの、ふさわしくないものを、永遠に持ち続けることはできないからだ。

14 外の世界で遭遇する状況は、内なる世界で見出《みいだ》しているものと一致している。これが、「引き寄せの法則」の働きだ。では、私たちは、内なる世界に何を入れるかをどのように決めるべきなのだろう？

15 五感や顕在意識を通して心に入ってきたものは、すべて心に刻まれ、イメージを構築し、創造のエネルギーが働くひな型に変わる。こうした経験はおおむね、環境や偶然、

過去に考えたことや、ネガティブな思考の産物なので、心にしっかり抱く前に慎重に分析しなくてはならない。また、他人の思考や外界の状況、環境がどうあれ、自分自身の思考プロセスを通して、心にイメージを構築することはできる。そのパワーを使えば、自分の運命、身体、心、魂の手綱を握ることができる。

16 このパワーを行使すれば、運命を偶然の手から奪い返し、望み通りの経験を意識的に生み出せる。ある状況を意識的にイメージすれば、その状況はいずれ人生で具現化される。詰まるところ、思考は人生における唯一最大の原因なのだ。

17 だから、思考の手綱を握れば、状況、状態、環境、ひいては運命の手綱を握れる。

18 では、どのように思考の手綱を握ればよいのだろう？ どんなプロセスを踏めばよいのか？ 人が考えれば何がしかの思考が生まれるが、思考がもたらす結果は、思考の形や質や生命力に左右される。

19 形は、それを生み出す心の中のイメージによって決まる。印象の深さ、アイデアの素晴らしさ、ビジョンの鮮明さ、イメージの大胆さによって変わってくる。

20　質は、物質に左右される。つまり、心を構成する材料で決まるのだ。材料が活力や強さや勇気や決意にまつわる思考で紡がれたものなら、その思考にも同じ性質が宿る。

21　そして最後に、生命力は、その思考に吹き込まれた感情で決まる。思考が建設的なものなら、そこには生命力が宿っているから、必ず成長、発展、拡大するだろう。そこには創造力も備わっているから、自らの完璧な発展に必要なすべてのものを引き寄せるだろう。

22　思考が破壊的なものなら、自らを崩壊に導く芽が宿っているので、おのずと死を迎える。だが、死に向かう過程で、病気やありとあらゆる不和をもたらすだろう。

23　私たちはそれを「悪」と呼び、自ら困難を招いておきながら、神のせいにする人もいる。ただし、この神とは、ニュートラルな宇宙意識にほかならない。

24　それは善でも悪でもなく、ただそこに在る意識だ。

25　それを分化して形にする私たちの能力が、善や悪を具現化する能力だと言える。

26　つまり、善悪は実在するものではなく、自分の行動の結果を表現するために、私たちが使っている言葉にすぎない。そして、行動は自分の思考の質によって、あらかじめ決まっている。

27　思考が建設的で調和に満ちたものなら、私たちは善を具現化する。思考が破壊的で不協和音に満ちたものなら、悪を具現化するだろう。

28　今と違う環境をビジュアライズしたいなら、そのプロセスは、ビジョンが現実になるまで理想を思い描くことだけだ。具体的な人や場所や物事について、考える必要はない。それらは絶対的なものではないからだ。あなたが願う環境には、必要なすべてのものが揃っているから、ふさわしい人やふさわしい物事が、ふさわしいタイミングで、ふさわしい場所に現れるだろう。

29　ビジュアライゼーションの力が、性格、能力、実現、達成、環境、運命の手綱を握れるなんて理解しがたいかもしれないが、これは科学的事実なのだ。

30　それでも、自分の考えていることが心の質を決め、心の質が自分の能力やメンタルの力を左右することは、容易に理解できるだろう。そして、自分の能力が高まれば、当然ながら達成できることも増え、環境を左右する力も増すことがわかるだろう。

31 そうなると、自然の法則が、ごく自然にスムーズに働いていることがわかるはずだ。すべてのことは、「起こるべくして起こっている」ように見える。その証拠がほしいなら、自分の人生の努力の結果を比べてみてほしい。崇高な理想に突き動かされた行動と、自分本位な動機や下心で動いた結果を比べてみよう。それ以上の証拠は要らないはずだ。願望を実現したいなら、願いを意識的にビジュアライズすることで、成功のイメージを構築しよう。そうすれば、成功せずにいられない状態になり、ビジョンは科学的な方法で実現するだろう。

32 人間の目には、客観的な世界にすでに在るものしか見えないが、私たちがビジュアライズするものは、すでにスピリチュアルな世界には存在している。だから、ビジュアライゼーションは、私たちが自分の理想に忠実ならば、いずれ客観的な世界に現れる「実在の兆し」なのだ。この理屈は、そう難しくはないだろう。ビジュアライゼーションは想像の一種だ。想像によって心にイメージが形成されると、そのイメージを設計図に、建築の匠《たくみ》こと宇宙意識が未来を紡いでいくのだ。

33 心理学者は、世の中に感覚は一つしかない、という結論に達した。それは、感情と

いう感覚で、ほかのあらゆる感覚は感情が変形したものにすぎないという。これが真実なら、なぜ感情がパワーの源泉なのか、なぜ感情が知性をたやすく圧倒するのか、なぜ結果を出したいなら思考に感情を吹き込まなくてはならないのか、その理由がわかる。思考と感情は、無敵の組み合わせなのだ。

34 ビジュアライゼーションには、言わずもがなだが、意志による導きが必要だ。ほしいものを正確にビジュアライズしなくてはならないので、想像力が暴走しないよう注意する必要がある。想像力はよい僕《しもべ》だが、優れた主人ではない。だから、うまくかじ取りしないと、根拠のないさまざまな結論や憶測に走りやすい。もっともらしい意見は、分析も検討もせずに受け入れてしまいがちなので、当然ながら、心に大混乱をもたらす。

35 だから、科学的に正しいとされるイメージだけを、心に構築しなくてはならない。すべての考えをしっかり分析し、科学的に正しくない考えは一切受け入れないこと。そうすれば、人は「できる」とわかることだけに挑戦するようになるので、成功が努力に報いてくれる。これをビジネス界では「先見の明がある」「洞察力がある」と言う。洞察力は、重要な仕事で成功する大きな鍵《かぎ》の一つだ。

36 今週の課題は、次の重要な事実を認識することだ——調和と幸せは意識の状態なの

で、物を所有しているかどうかは関係がない。物は、正しい心の状態がもたらす結果にすぎないので、何かを所有したいなら、望み通りの結果をもたらす心構えをまず身につけることが肝要だ。この心構えは、自分のスピリチュアルな本質や、自分が万物の根源物質である宇宙意識と一つであることを認識すれば身につくだろう。そう認識すれば、心ゆくまで楽しむために必要なすべてのものがもたらされる。これは科学的に正しい考え方だ。この心構えを身につけることに成功したら、願いを「すでにかなった現実」として苦もなく認識できるようになる。そうすれば、あらゆる不足や制限から「自由」にしてくれる「真実」を見出《みいだ》せるだろう。

人は星をつくって、自由に軌道を回転させることができるかもしれない。だが、神の御前で神ほどに忘れがたい偉業を達成したことは一度もない。神は、思考という黄金の球体を、何世代にもわたって回転させ続けている。

――ヘンリー・ウォード・ビーチャー（米国の牧師）

16週目のレッスン――Q&A

1．富は何に左右されるのか？
思考の創造的な本質を理解しているかどうかに左右される。

2. 富の真の価値はどこにあるのか？
交換価値にある。

3. 成功は何に左右されるのか？
スピリチュアル・パワー。

4. スピリチュアル・パワーは何に左右されるのか？
それを活用するかどうか。使わなければないのと同じだ。

5. どうすれば運命を偶然の手から奪い返せるのか？
人生で具現化したい状況を、意識的にイメージすること。

6. 人生における偉大な仕事とは？
思考すること。

7. それはなぜか？
思考はスピリチュアルな活動で、創造力を持つからだ。意識的に思考の手綱を握れば、状況、状態、環境、運命の手綱を握れる。

8. あらゆる悪の源とは何か？
破壊的な思考。

9. あらゆる善の源とは何か？
科学的に正しい思考。

10. 科学的な思考とは何か？
スピリチュアル・エネルギーの創造的な本質と、その手綱を握れる自分の能力を認識すること。

ある時代の最大の出来事とは、その時代の最高の思考のことだ。自らを行動に移そうとするのが、思考の本質である。

——ジョン・ボヴィー・ドッズ（米国の心理学者）

17週目のレッスン　すべては願望から生まれる

意識的にしろ無意識的にしろ、どんな神を崇拝しているかで、その人の知性の状態がわかる。ネイティブ・アメリカンに神について尋ねると、輝かしい部族の強い首長について説明するだろう。多神教徒に神について尋ねると、火の神、水の神、この神、あの神……と語り始めるだろう。古代ヘブライ人に神について尋ねると、民を威圧的な手段――十戒――で支配したモーセの神について話すだろう。あるいは、ヘブライ人を戦《いくさ》に導き、財産を没収し、囚人を殺し、街を荒廃させたヨシュアの神について語るかもしれない。

いわゆる異教徒は、神の「偶像」をつくってあがめるのを習慣にしていた。だが、それは、少なくとも賢い人たちの間では、人生で具現化したい資質に心を注ぐための象徴《シンボル》にすぎなかった。20世紀を生きる私たちは、理屈の上では「愛の神」を崇拝していることになっているが、実際には、「富」「権力」「ファッション」「習慣」「慣例」といった「偶像」をつくり上げ、それらの前にひれ伏して、あがめ奉《たてまつ》っている。私たちが心を注ぐので、それらが私たちの人生で具現化されている。

レッスン17の内容をマスターした受講生は、シンボルと現実を取り違えたりはしないだろう。そして、結果よりも原因に関心を寄せるはずだ。人生の現実に心を注いでいるので、結果に落胆したりはしないだろう。

1　私たちは、人間が「万物を支配している」と教わっている。この支配は、宇宙意識を通して確立されている。思考は、この世界で働くあらゆる原理を支配する活動だ。優れた本質ゆえに最も崇高なこの原理は、必然的に、触れ合うすべてのものの環境、状況、関係を決める。

2　メンタル・パワーの波動は、最も微細で、ゆえに最もパワフルな波動だ。メンタル・パワーの本質と超越性に気づいている人たちにとって、あらゆる物理的なパワーは取るに足りないものである。

3　私たちは通常、五感というレンズを通して宇宙を理解しており、その経験に基づいて、外の世界は人間によく似た特徴を持つという概念を生み出した。しかし、真実の概念は、スピリチュアルな洞察によってしか得られない。この洞察を得るには宇宙意識とのつながりが必要で、そのつながりは、人間の意識が絶えず一定の方向に集中しているときにだけ生まれる。

4　集中力を持続させれば、切れ目やむらのない思考の流れが生まれる。それは、不変の、持続的な、根気強い、規則正しいシステムの産物だ。

5　世の中の偉大な発見は長期にわたる研究の成果であり、数学をマスターするのにも長年の集中的な努力が必要だ。それと同じように、最も偉大な「心の科学」も、集中的な努力をしないと明らかにはできない。

6　集中は、大いに誤解されている。集中するには何らかの努力や活動が必要だ、という考えがあるようだが、まったくそんなことはない。俳優の偉大さは、われを忘れて役になり切り、リアルな演技で観客の心を揺さぶるところにある。これで真の集中とはどういうものかがわかるだろう。ほかのことが頭から消えるほどその思考に関心を寄せ、対象に没頭しなくてはならない。このように集中すれば、心を注いでいる対象の本質について、直感や洞察が得られるだろう。

7 すべての知識は、このように集中した結果、獲得されたものだ。天と地の秘密も、そうして解明されてきた。集中することで心が磁石となり、「知りたい」という願望によって知識を引き出し、否応《いやおう》なく引き寄せて、自分のものにしてきたのだ。

8 願望はおおむね潜在意識に宿っている。顕在意識の願望は、すぐ手が届くものでない限り、めったに実現しない。だが、潜在意識の願望は、心の潜在能力を呼び覚ますので、難しい問題でもひとりでに解決するように思われる。

9 集中すれば潜在意識が目覚め、どんな方向にでも働いて、どんな目的に対しても、私たちの役に立ってくれる。集中力を行使するには、心と身体の手綱を握る必要がある。心身を問わず、意識の状態をかじ取りしなくてはならないのだ。そのかじ取りをするのが、スピリチュアルな真実だ。あなたが限られた成果から脱却し、思考を性格や意識に変換し、望ましい環境を引き寄せられるのは、スピリチュアルな真実のおかげである。

10 集中とはただ思考することではなく、思考を実際に役立つものに変えることだ。人々は、集中の意味をまるでわかっていない。多くの人は常に「これがほしい」と求め

ているが、「こう在りたい」と願うことはない。まず在り方を整えなければ、何かを持つこともできない、とわかっていないのだ。聖書によると、まず「神の王国」を見つければ、「すべてのものは添えて与えられる」。束の間の熱意には何の価値もない。目標を達成するには、常に自信に満ちた在り方が重要なのだ。

11 心が理想を少し高めに設定したせいで、目標に届かないこともあるだろう。未熟な翼で舞い上がろうとして、飛べずに落ちてしまうかもしれないが、再度挑戦しない理由にはならない。

12 何かを達成する心を妨げるのは、弱さにほかならない。弱くなるのは、身体の限界や心の不安のせいだと認め、もう一度挑戦しよう。繰り返すことで、楽に完璧《かんぺき》にできるようになる。

13 天文学者が星に集中するから、星は秘密を明かしてくれる。地質学者が地球の構造に集中するから、地質学という学問が生まれた。すべてに同じことが言える。人間が人生の問題に集中するから、今私たちが生きている膨大かつ複雑な社会秩序が存在している。

14　心が何かを発見したり達成したりするのは、いずれも、願望に集中を組み合わせた結果である。願望は、最強の行動の一つなのだ。願望が揺るぎないものであればあるほど、信頼度の高い事実が明らかにされる。願望に集中が加われば、自然界からどんな秘密でも引き出せるだろう。

15　心は、偉大な思考を認識し、偉大な思考に伴う偉大な感情を経験すると、より高次元の物事の価値を理解できるようになる。

16　一瞬の真剣な集中力や、「なりたい」「達成したい」という強い憧《あこが》れは、強いられて何年ものろのろ努力するより、あなたを遠くへ連れていってくれるだろう。不信、弱さ、無気力、自己卑下という監獄の鉄格子を外し、克服する喜びに気づかせてくれるだろう。

17　独創力や進取の精神は、心の取り組みを粘り強く続けることで培われる。ビジネスは集中することの価値を教え、決断力を育《はぐく》む。真実を見抜く力や、すばやく結論を導く力も養ってくれる。どんなビジネスにおいても、心的要素が状況を支配し、願望が大きな影響力を持つだろう。ビジネス上のすべての関係は、願望が外に現れたものだからだ。

18　揺るぎない長所の多くは、仕事を通して培われる。雇用されることで心が安定し、

正しく導かれ、効率的に働くようになるのだ。何より求められるのは、心を強くすることだ。そうすれば、気を散らすものや気まぐれな衝動に負けることなく、高次の自己と低次の自己の葛藤《かっとう》をうまく乗り越えられる。

19 私たちはみな発電機のようなものだが、エンジンで動かさない限り、発電機自体に価値はない。それは動かしてはじめて役に立ち、エネルギーを集中させられる。心は、思いも寄らないほどのパワーを秘めたエンジンなのだ。思考は何でもできるパワーで、形あるすべてのもの、形として現れるすべての出来事の支配者であり創造主だ。物理的なエネルギーなど、思考の全能性に比べれば取るに足りないものだ。思考は人間に、自然のパワーをすべて活用する力すら授けてくれるからだ。

20 思考の活動は波動である。波動は、何かを構築するのに必要な材料に手を伸ばし、引き寄せる。思考のパワーには、不可解なところは一切ない。集中とは、「意識の焦点を対象と一体化するほど合わせること」にほかならない。吸収された食物が身体の本質となるように、心は注意を向けた対象を吸収し、そこに生命と存在を吹き込む。

21 あなたが重要な問題に集中すると、直感力が働き始め、成功につながる有益な情報がやってくるだろう。

22 直感は、経験や記憶の助けなしに結論を導き、論理的思考ではどうにもならない問題を解決することがよくある。直感力はたいてい驚くほど唐突に降ってきて、求めている真実を明かしてくれる。知りたいことをそのまま教えてくれるので、高次の力が働いている気がするだろう。直感力を養い、磨くことはできるが、そのためには直感を認識し、理解していなくてはならない。直感という訪問客は、盛大な歓迎を受けるとまたやってくる。心を込めてもてなせばもてなすほど、頻繁に訪れるようになるが、無視したり軽視したりすると、まれにしか訪れなくなる。

23 直感はたいてい、静寂の中でやってくる。偉人は、たびたび1人の時間を求める。人生の大きな問題の答えが出るのは、決まって1人でいるときだからだ。ゆえに、経営者は可能な限り、誰にも邪魔されない専用オフィスを持っている。専用オフィスを持つ余裕がなくても、少なくとも毎日数分間、1人になる場所を見つけることはできる。そこで、成功に欠かせない無敵のパワーを養う訓練をしよう。

24 覚えておいてほしい。基本的に、潜在意識は全能である。行動のパワーを与えられたら、どんなことでも達成できる。ただし、あなたがどれほど成功するかは、あなたの願望の質によって決まる。あなたの願いが「自然の法則」、または宇宙意識と同調して

いるなら、心が徐々に自由になって、無敵の勇気を授けられるだろう。

25 障害を乗り越えるたび、勝利を収めるたびに、自分のパワーに対する自信が深まり、勝つ能力はさらに高まるだろう。あなたの強さは、心構えによって決まる。揺るぎない目的を持ち、成功の心構えを保っていれば、何も言わなくても、求めているものを目に見えない領域から引き寄せられる。その思考を抱き続ければ、思考は少しずつ目に見える形を取り始めるだろう。明確な目的が原因を作動させ、それが目に見えない世界に出向いて、あなたの目的を果たすのに必要な材料を見つけるからだ。

26 あなたはパワーそのものではなく、パワーのシンボルを追い求めているかもしれない。名誉ではなく名声を、豊かさではなく財産を、貢献ではなく地位を追いかけているかもしれない。その場合は、手にした途端に灰になってしまう代物だと気づくだろう。

27 機が熟す前に富や地位を手に入れても、身の丈に合わないので維持できない。人は与えた分しか受け取れないので、与えずに受け取ろうとする人には「補償の法則」が容赦なく働いて、均衡《バランス》をもたらすだろう。

28 競争はたいてい、お金をはじめとしたパワーのシンボルを求めて行われる。だが、

パワーの真の源を理解した人は、シンボルなど歯牙《しが》にもかけないだろう。多額の銀行預金を持つ人は、ポケットを金貨でいっぱいにする必要はない。パワーの真の源を発見した人も同じだ。もうまがい物や見せかけに関心を寄せることはない。

29 思考は通常、進化の方向である外側に向かうが、内側に向かわせることもできる。内側に向かえば、物事の基本原理、物事の核心、物事の魂《スピリット》を把握できる。物事の核心をつかめば、それを理解し、意のままにするのはわりあい簡単だ。

30 物事の魂《スピリット》とは物事そのものであり、物事の重要な部分で、実質だからだ。形は、内側のスピリチュアルな活動が外側に現れたものにすぎない。

31 今週の課題は、このレッスンで説明した方法を使って、集中することだ。目的を達成するための意識的な努力や活動は一切しないこと。完全にリラックスして、結果を心配する思いを頭から締め出そう。パワーは安らぎを通してやってくることを、思い出してほしい。思考が対象と完全に一つになって、ほかのことが一切頭から消えるまで、それについて深く思考してほしい。

32 恐れを消し去りたいなら、勇気に集中しよう。

33 不足を消し去りたいなら、豊かさに集中しよう。

34 病気を消し去りたいなら、健康に集中しよう。

35 どんなときも、理想に集中しよう。すでに存在する事実として、心を注ぐのだ。その理想は生殖細胞であり、前進して原因を作動させる生命原理だ。原因の導きで必要な関係が生まれると、いずれ理想は具現化される。

思考は、それを大事に温められる人だけの財産である。

——ラルフ・ワルド・エマーソン

17週目のレッスン——Q&A

1. 真の集中方法とはどのようなものか？
ほかのことが一切頭から消えるほど、思考の対象と一体化すること。

2. この集中方法は、どんな結果をもたらすのか？

目に見えない力が働き、思考にふさわしい状況が否応《いやおう》なくもたらされる。

3. この思考方法のかじ取りをしているのは？
スピリチュアルな真実。

4. それはなぜか？
私たちの願望の性質は、自然の法則と調和していなくてはならないからだ。

5. この集中方法は、実際にどのように役立つのか？
思考が性格に変わり、性格が磁石となって、その人の環境を引き寄せてくれる。

6. あらゆるビジネスを支配する要因とは何か？
心的要素。

7. それはなぜか？
心が、形あるすべての物、形として現れるすべての出来事の支配者であり創造主だからだ。

8. どうすれば集中力が働くのか？
知覚、英知、直感、洞察力といったパワーを養うことで働くようになる。

9. 直感はなぜ論理的思考より優れているのか？
経験や記憶に頼らずに、本人が夢にも思わなかったような方法で、たびたび問題を解決するから。

10. 何かのシンボルを追い求めた結果、どうなるのか？
シンボルは手に入れた途端に、たいてい灰になる。シンボルはスピリチュアルな活動の外形にすぎないから、スピリチュアルな実体を手に入れられない限り、消えてしまうのだ。

18週目のレッスン　環境を整える

私たちは成長するために、成長に必要なものを手に入れなくてはならない。それは、「引き寄せの法則」によってもたらされる。この原理は、宇宙意識から個人が分化するただ一つの手段だ。少し考えてみてほしい。ある男が夫でも父親でも息子でも兄でも弟でもなかったら、そして、社会的、経済的、政治的、宗教的な世界に一切関心がなかったらどうなるだろう？　その人は、抽象的な理論上の自己でしかなくなる。つまり、人間は、全体やほかの人たちや社会との関係においてのみ存在している。そうした関係だけが、その人の環境を構成しているのだ。

要するに、個人は明らかに、「世に来てすべての人を照らす」宇宙意識が分化したものだ。そして、いわゆる個性や人格とは、人が全体と関係するときの態度のことである。

私たちはそれを環境と呼び、環境は「引き寄せの法則」によってもたらされる。レッスン18では、この重要な法則について、さらに詳しくお話ししたい。

1 世の中の考え方にも変化が生まれている。この変化は私たちの中で静かに起こっているが、ルネッサンス以降に世界が経験した最も重要な変化だと言える。

2 地位や教養のある人たちだけでなく、労働者を含むすべての階層において今起こっている思想の大変革は、世界史を振り返っても類を見ないものだ。

3 近年は、科学が膨大な発見をして、無数の資源を明らかにし、とてつもない可能性と思いも寄らぬほどのパワーを世に知らしめている。そのため科学者は、ある説を「定説だ」「間違いない」と肯定したり、「ばかげた説だ」「あり得ない」と否定したりすることに、ますます慎重になっている。

4 つまり、新たな文明が生まれつつあるのだ。慣習や教義や前例は姿を消し、ビジョンや信頼や貢献に基づく新たな枠組みが生まれようとしている。人類が伝統という足かせから解放され、物質主義の残滓《ざんし》が消滅していくにつれて、思想も自由になり、驚く群衆を前に、真実が丸ごと姿を現しつつある。

5　全世界は今、新たな意識、新たなパワーに目覚めようとしている。自分の内側にある資源に、改めて気づこうとしている。

6　物理科学は、物質を分子に、分子を原子に、原子をエネルギーに分解した。そして、ジョン・アンブローズ・フレミング卿《きょう》は、英国王立科学研究所での演説で、エネルギーをさらに心に分解した。彼はこう述べている。「結局のところ、私たちはエネルギーというものを、いわゆる『意識』や『意志』の直接的な働きとして現れたもの以外は、理解できないのかもしれません」

7　そして、この意識とは、万物に宿る根源的なものだ。魂だけでなく物質にも満ち満ちている。生命を維持し、エネルギーを与える、あまねく浸透している宇宙の魂《スピリット》なのだ。

8　生きとし生けるものは、この全能の知性に支えられている。個々の生物の違いは、おおむね表に現れているこの知性の程度ではかられる。動物は植物よりも知性が大きい分、より高次の存在であり、人間は動物よりも高次の存在である。そして、この全能の知性は、行動の手綱を握って環境に意識的に適応する、個々のパワーによって示される。

9　この適応に、偉人たちは大いに関心を寄せている。ここで言う適応とは、宇宙意識が持つ既存の秩序を認識することにほかならない。宇宙意識がどれだけ私たちに従ってくれるかは、私たちが最初にどれだけ宇宙意識に従ったかに正比例するからだ。

10　人間が時空間を消し去り、空に舞い上がり、鉄の塊を水に浮かべられるのは、自然の法則を認識しているからだ。知性が大きくなればなるほど、自然の法則への認識も高まり、持てるパワーも大きくなる。

11　自分を「宇宙の知性が個体化した存在」だと認識できれば、まだその自己認識に達していないほかの知性を支配できる。彼らは、宇宙の知性が万物を満たし、あらゆる求めに応じて行動する準備を整えていることを知らないのだ。だから、自分自身の存在の法則にとらわれている。

12　思考は創造力を持ち、思考が拠《よ》って立つ原理は健全で、合理的で、物事の本質にもともと宿っているものだ。ただし、思考の創造のパワーは個人ではなく宇宙意識から生じたものだ。宇宙意識はあらゆるエネルギーや物質の源泉であり、個人はそのエネルギーを分配する回路にすぎない。

13　個人は、宇宙がさまざまな組み合わせを生み出し、さまざまな現象をもたらす手段にほかならない。こうした現象は、「波動の法則」に基づいて生み出される。さまざまな波動の周波数によって、根源物質から新しい物質が一定の数的比率で形成されるのだ。

14　思考は、個人が宇宙意識と――有限の意識が無限の意識と、目に見えるものが見えないものと――コミュニケーションを取る、目に見えないリンクだ。思考は人間を、考え、知り、感じ、行動する存在に変える魔法だ。

15　適切な機器のおかげで、何百万キロも離れた銀河を発見できるように、適切な理解のおかげで、人間はすべてのパワーの源である宇宙意識とコミュニケーションが取れる。

16　通常育《はぐく》まれる理解は、電気の通っていない機械くらいの価値しかない。それは理解というより、何の意味もない「信念」にすぎない。宗教を持たない民でさえ何かを信じているだろうが、それらが事実だと証明されているわけではない。

17　万人にとって何らかの価値を持つ信念とは、実際に試され、事実と証明されたものだけだ。それはもはや信念ではなく、生きた真実である。

18 ここで紹介している真実は、何十万人もの人たちに試され、真実だと認定されている。ただし、そう判断できるかどうかは、それぞれが使用している機器の性能による。

19 強力な望遠鏡がなければ、何億キロも離れた星を見つけることはできない。だから、科学はより大きくて強力な望遠鏡を開発し続け、天体をさらに深く知るという見返りを獲得し続けている。

20 要するに、「理解」のおかげで、人間は、宇宙意識やその無限の可能性とコミュニケーションを取る方法を、日々進化させてきた。

21 宇宙意識は、原子がほかの原子を無限の力で引き寄せる原理を使って、客観的な世界に姿を現わしている。

22 組み合わせて引き寄せるこの原理によって、物事は生み出される。この原理は普遍的なもので、意図を実行に移すただ一つの手段だ。

23 この宇宙の原理によって、最も美しい形で表現されるのが成長である。

24　成長するために、私たちは成長に必要なものを手に入れなくてはならない。しかし、私たちは常に完全な思考体なので、その完全さゆえに、与えたときにしか受け取ることができない。つまり、成長の条件は相互作用なのだ。そして、心の次元では類は友を呼ぶので、心の波動は、波長が合うものにしか反応しない。

25　したがって、豊かさの思考も、よく似た思考にしか反応しないのは明らかだ。個人の富は、その人の本質だと考えられる。つまり、内なる世界を豊かにすることが、外の世界に豊かさを引き寄せる鍵《かぎ》なのだ。何かを生み出す能力は、個人の豊かさの真の源だと判明している。だから、仕事に熱中している人は、とてつもない成功を手にするのだ。そういう人は、与え続けている。そして、与えれば与えるほど、たくさん受け取ることになる。

26　ウォール街の偉大な資本家や、大物起業家、政治家、大物弁護士、発明家、医師、作家といった人たちは、思考のパワーを示すこと以外で、人類の幸せにどんな貢献をしているというのだろう？

27　思考はエネルギーだ。「引き寄せの法則」がそのエネルギーを作動させ、思考は最終的に豊かさとして具現化する。

28 宇宙意識は静的な意識、もしくは、常に安定した根源物質だ。それは人間の思考のパワーによって分化し、形をなす。思考は、心の動的な一面なのだ。

29 パワーを使えるかどうかは、パワーを自覚しているか否かに左右される。そして、パワーを使わなければ、パワーは失われる。

30 このパワーをどの程度使えるかは、注意の力にかかっている。注意の力をどれほど使えるかで、知識――パワーの別名――をどの程度獲得できるかが決まる。

31 注意の力は、天才の顕著な特徴だと考えられているが、注意の力を育めるかどうかは、訓練次第だ。

32 注意を呼び覚ますのは関心だ。関心が高まれば高まるほど、注意の力も高まる。注意の力が高まれば高まるほど、関心も高まる。両者は相関関係にあるのだ。まず、注意を払うことから始めよう。そうすれば、やがて関心も高まるだろう。この関心がさらに注意を引き、その注意によってさらに関心も高まる。こうして訓練していけば、注意の

力を養えるだろう。

33　今週は、あなたの創造のパワーに集中しよう。洞察力と直感を探求してみよう。あなたの中にある信念の、論理的根拠を探そう。人間の肉体が生きて動いているのは、すべての有機生命体を維持している大気の中に存在しているからだ――呼吸をしなければ生きられない――という事実を、深く考えてみよう。次に、人間の魂が生きて動いているのは、自分とよく似たさらに微細なエネルギーの中に存在しているからだ――生きるためにそのエネルギーに依存している――という事実を深く考えてみよう。また、物質界と同じように、種を蒔《ま》かなければ生命は芽生えないこと、親株よりよい実はならないことも、深く考えてみてほしい。つまり、スピリチュアルな世界でも、種を蒔かなければ結果は出ないし、どんな実がなるかは種の質次第なのだ。要するに、あなたが獲得する結果は、因果という強力な領域で働く法則を、どの程度認識できているかに左右される。この法則を認識することは、人間の意識の最高の進化だと言える。

心は思考していなくても、自らを瞬く間にパワーに変えて、目標を達成するとてつもない手段を編み出すものだ。

――ラルフ・ワルド・エマーソン

18週目のレッスン――Q&A

1. 個々の生物の違いはどのようにはかられるのか？
表に現れている知性の程度ではかられる。

2. 個人がほかの知性を支配できる法則とは何か？
自分を「宇宙の知性が個体化した存在」として認識できていること。

3. 創造のパワーはどこで生まれるのか？
宇宙意識の中で生まれる。

4. 宇宙意識は、どのように形をなすのか？
個人という手段を通して形をなす。

5. 個人と宇宙意識をつなぐリンクとは何か？
思考。

6. 意図を実行に移す原理とは何か？

引き寄せの法則。

7. この原理は、何によって表現されるのか？

成長の法則。

8. 「成長の法則」は、どのような条件に基づいているのか？

相互作用。個人は常に完全な思考体なので、その完全さゆえに、与えたときにしか受け取れない。

9. 私たちが与えるものとは何か？

思考。

10. 私たちが受け取るものとは何か？

思考。これは安定した根源物質であり、私たちの思考によって絶え間なく分化し、形をなしている。

19週目のレッスン　エネルギーの必要性

恐れはパワフルな思考だ。恐れは神経中枢を麻痺《まひ》させ、血液の循環に悪影響を及ぼし、筋肉組織も麻痺させる。つまり、脳、神経、筋肉をはじめ全身に影響を及ぼすのだ。言うまでもなく、恐れを克服する方法は、パワーを自覚することだ。私たちがパワーと呼ぶ、この不思議な生命力は一体何なのだろう？　よくわからないが、それを言うなら、私たちは電気が何であるかもよく知らない。それでも、電気の法則に従えば、電気が人間の従順な僕《しもべ》となり、家や街を照らし、機械を動かし、さまざまな能力で仕えてくれることを知っている。

生命力にも同じことが言える。それが何であるか私たちは知らないし、今後も知らないままかもしれないが、わかっていることもある。これは生きた身体を通して現れる重要な力で、それを司《つかさど》る法則や原理に従えば、この生命エネルギーの豊かな流れを浴びて、メンタル面、モラル面、スピリチュアルな面で、能力を最大限に発揮できるようになるのだ。レッスン19では、この生命力を育《はぐく》むごく簡単な方法をお伝えする。このレッスンで学ぶ情報を実践すれば、天才の顕著な特徴とされるパワーの感覚を、すぐに身につけられるだろう。

1　真実の探求は、もはや無計画な冒険ではなく体系的なプロセスで、理にかなった活動だ。どんな経験も、真実を探求する手段になる。

2　真実を探求するとき、私たちは究極の原因を探す。人間の経験はすべて結果だ、と知っているからだ。ならば、原因を突き止められれば、そして、原因の手綱を意識的に握ることができれば、結果（経験）をコントロールできるようになる。

3　そうすれば、人間の経験が運命に翻弄《ほんろう》されることはなくなる。人は運命の寵児《ちょうじ》ではなく、運命の神になれるのだ。船長が船を、機関士が列車を導くように、運命も幸運も意のままにできるだろう。

4　万物は最終的に同じ元素に分解できるので、あるものを別のものに変換することも

できる。万物は常に関係し合っており、対立し合うことは決してない。

5　物質界では、万物には無数の対比《コントラスト》があり、便宜上、特有の名前がついているかもしれない。すべてのものにはサイズ、色、明暗度、境界がある。北極があれば南極があり、内側があれば外側があり、目に見えるものがあれば見えないものもある。だが、こうした表現は、両極端なものを対比させる役目を果たしているにすぎない。

6　これらは、一つのものの二つの異なる部分につけられた名前でしかない。両極端な二つは関係し合っており、別個の存在ではない。全体の二つの部分、もしくは二つの側面である。

7　心の世界でも、同じ法則が見られる。私たちは知識と無知を対比させるが、無知とは知識不足のことにほかならず、知識がないことを表現する言葉にすぎない。無知自体には、何の原理もないのだ。

8　モラルの世界でも、やはり同じ法則が見られる。私たちは善と悪を対比させるが、善が形を持つ現実なのに対し、悪はネガティブな状況、つまり、善がない状態にすぎない。悪が極めて現実的な状況としてとらえられる場合もあるが、そこには何の原理も、

生命力も、活力もない。必ず善によって打ち倒せるからだ、と私たちは知っている。真実が間違いを打ち負かし、光が闇を葬るように、善が現れると悪は消える。つまり、モラルの世界に存在する原理は一つしかない。

9　スピリチュアルな世界にも、まったく同じ法則が働いているのがわかる。私たちは宇宙意識と物質を別個のものだととらえているが、洞察力を磨けば、働いている原理は宇宙意識だけだとわかるだろう。

10　宇宙意識は永遠に実在するものだが、物質は永遠に変化し続ける。永劫《えいごう》の時間の中では、一〇〇年など一日にすぎない、と私たちは知っている。どこかの大都市に立ち、無数の壮大な高層ビルや遠くまで並ぶ車の列、公衆電話、電灯、その他さまざまな文明の利器に目を向ければ、ハッとするかもしれない。どれもわずか一世紀前には存在しなかったものばかりだ。そして、一〇〇年後に同じ場所に立てば、十中八九、ほとんどのものが残っていないだろう。

11　動物の世界でも、同じ変化の法則が働いている。膨大な数の動物が現れては、数年の寿命を全うして消えていく。植物の世界では、変化がさらに早い。多くの植物やほとんどの草は、一年のうちに生まれては消える。無機物の世界に目をやると、安定したものに出会えるような気がするが、一見頑丈そうな大地を見ても「海から隆起した土地だ」と聞かされるし、巨大な山を見ても「かつては湖だった」と告げられる。ヨセミテ渓谷の巨大な絶壁に畏怖《いふ》の念を募らせるも、岩を削った氷河の流れを苦もなくたどることができる。

12 私たちは絶え間ない変化の中にいる。そして、この変化が宇宙意識の進化にほかならないこと、この壮大なプロセスを通して、万物が絶えず生み出されていることを知っている。また、物質は宇宙意識が形をなしたものなので、状態にすぎないことも承知している。物質には何の原理もない。宇宙意識がただ一つの原理なのだ。

13 つまり、私たちは理解するに至った。宇宙意識は、身体、心、モラル、スピリチュアルの世界で働く、ただ一つの原理なのだ、と。

14 宇宙意識が静的な動かない意識であること、個人の思考能力は宇宙意識に働きかけて、それをダイナミックな動く意識に変える能力であることも、私たちは知っている。

15 ただし、そうするためには、食べ物という形で燃料補給をしなくてはならない。人間は食べずに考えることができないからだ。つまり、思考のようなスピリチュアルな活

動でさえ、物質的な手段を使わないことには、喜びや利益の源に変換できない。

16 電気を集めて動的な電力に変換するのには、何らかのエネルギーが必要だ。また、植物の生命を維持するためには、太陽光線のエネルギーが必要だ。それと同じように、個人が思考し、宇宙意識に働きかけるためには、食べ物という形のエネルギーが必要だ。

17 思考が絶えず形をなそう、表現しようと努めていることをあなたが知っていようがいまいが、事実は変わらない。あなたの思考がパワフルで、建設的で、ポジティブなものなら、健康、ビジネス、環境の状態に反映されるだろう。あなたの思考が弱くて、批判的で、破壊的で、ネガティブなものなら、身体には恐れや不安や緊張として、財布には不足や制限として、環境には不協和音として現れるだろう。

18 すべての富は、パワーの産物だ。財産が価値を持つのは、パワーを授けてくれるときだけだ。出来事が重要なのは、パワーに影響を及ぼすときだけである。すべての物事は、パワーがさまざまな形で顕在化したもので、パワーの程度を示している。

19 「蒸気の法則」「電気の法則」「化学親和力の法則」「万有引力の法則」に示されるような原因と結果を知ることで、人は大胆に計画を立て、恐れずに実行できるようになる。

これらの法則は物質界を支配しているので、「自然の法則」と呼ばれているが、すべてのパワーが物理的な力だとは限らない。メンタルの力も、道徳的でスピリチュアルなパワーも存在する。

20 学校や大学は、メンタルのパワーを育てる「心の発電所」にほかならない。

21 多くの巨大な発電所が工場にパワーを供給しているおかげで、原材料を集め、それを必需品や生活を快適にする商品に変えることができている。心の発電所も、原材料を集めて育み、それをパワーに変えている。そのパワーはあらゆる自然の力をはるかにしのぐ、驚くべきものだ。

22 では、世界中の心の発電所に集められ、育まれ、すべての力を支配するパワーに変換される原材料とは、一体何だろう？ それは、静的な形では「宇宙意識」と呼ばれ、動的な形では「思考」と呼ばれるものだ。

23 思考のパワーが優れているのは、高次元に存在し、人間に法則を発見する力を与えてきたからだ。その法則を使って、人間は自然の素晴らしい力を活用し、何百、何千人分もの仕事をこなせるようになった。また、時空間を消し去り、「万有引力の法則」を克服する法則を発見することもできた。

24　思考は生命力もしくは生命エネルギーであり、過去半世紀の間に、わずか50年、いや25年前の人たちでさえ想像し得なかったほどの、驚異的な成果をもたらした。これが過去50年間に心の発電所を建設したおかげだとしたら、次の50年間には、相当大きな進歩が期待できるだろう。

25　万物を創造する根源物質は無尽蔵だ。光が秒速約30万キロメートルで進むことを、私たちは知っている。あまりに遠くで輝いているので、光が地球に到達するのに2000年かかる星があることや、そうした星々が宇宙の至るところで輝いていることも知っている。光が波動として届くことも判明しているが、波動を運ぶエーテル（訳注　20世紀初頭まで、光や熱を伝える媒体として宇宙に充満しているとされていた仮想の物質）がもし途切れていたら、光は地球に届かないはずだ。だから、この物質（エーテル）が宇宙にあまねく存在している、という結論に達する。

26　では、根源物質はどのように形に現れるのだろう？　電気を例にあげよう。電池の亜鉛と銅の両極をつなげば電流が生まれ、片方の極からもう一方の極に流れて、エネルギーが供給される。これと同じプロセスが、あらゆる両極性において繰り返されている。

すべての形は波動の周波と、その結果生じた原子同士の関係に左右されるので、現れる形を変えたいなら、両極性を変えなくてはならない。これが「原因と結果の原理」だ。

27 今週の課題は、集中することだ。私が「集中」という言葉を使うときは、その言葉が意味するすべてを含んでいる。ほかのことが一切頭から消えるまで、思考の対象に没頭しよう。これを毎日数分間行うこと。あなたは、身体に栄養を与えるために、食事の時間を取っているはずだ。心の食事の時間を、なぜ取ろうとしないのだろう？

28 見かけは当てにならないことを、心に刻んでおこう。地球は平らでもなければ、静止してもいない。空は円天井《ドーム》ではないし、太陽は動いていないし、星は小さな光の欠片《かけら》ではない。かつては不変だとされていた物質が、絶えず変化していることもわかっている。

29 その日がどんどん近づいていることを認識しよう。夜明けは近い。今「永遠の原理の働き」についての知識が急速に高まっている。それに合わせて、思考と行動を調整すべきときが、間もなくやってくるのだ。

静かな思考は、結局のところ、人生の問題に対処する最強の手段である。

――ウィリアム・エラリー・チャニング（米国の神学者）

19週目のレッスン――Q&A

1. 両極端なものは、どのように対比されているか？
内と外、上と下、光と闇、善と悪のように、特有の名前がつけられて、対比されている。

2. それぞれは別個の存在か？
いいえ。全体の二つの部分、もしくは二つの側面だ。

3. 身体、心、スピリチュアルの世界で働く、ただ一つの創造原理とは何か？
万物を創造する宇宙意識、または永遠のエネルギー。

4. 私たちはこの創造原理とどのように関わっているのか？
思考能力を通して関わっている。

5. この創造原理はどのように働くのか？

思考は種《たね》で、思考の結果、行動が生まれ、行動の結果が形として現れる。

6. 形は何に左右されるのか？
波動の周波数。

7. 波動の周波数はどうすれば変えられるのか？
心の活動によって変えられる。

8. 心の活動は何に左右されるのか？
個人と宇宙意識の両極性、つまり、相互作用に左右される。

9. 創造のエネルギーは個人の中から生まれるのか？　それとも、宇宙意識の中から生まれるのか？
宇宙意識の中から生まれるが、宇宙意識は個人を通してしか顕在化できない。

10. なぜ個人が必要なのか？
宇宙意識は静止しているため、作動させてくれるエネルギーが必要なのだ。このエネルギーは食べ物によって供給される。食べ物がエネルギーに変換されてはじめて、人間は思考することができる。食べるのをやめると思考も止まるので、宇宙意識に働きかけることもなくなる。すると、相互作用が起こらないため、宇宙意識は静止した純粋な意識でしかなくなる。

20週目のレッスン　善悪の起源

長年にわたり、悪の起源について果てしない議論が繰り広げられてきた。神学者は、「神は愛であり、神は遍在している」と主張してきた。これが真実なら、神がいない場所はない。ならば、悪は、悪魔は、地獄はどこに存在しているのだろう？　では、考えてみよう。


神は魂《スピリット》だ。

スピリットは宇宙の創造原理だ。人間は、神の似姿としてつくられた。ゆえに、人間はスピリチュアルな存在である。

スピリットの唯一の営みは、考えることだ。

ゆえに、思考は創造的なプロセスだ。

ゆえに、あらゆる形は、思考プロセスの産物である。形の破壊もまた、思考プロセスの産物に違いない。催眠術で経験するような、形の偽りの表現もまた、思考の創造力の産物だ。降霊術で経験するような、形の見せかけの表現もまた、思考の創造力の産物だ。集中時に経験するような、発明、企画、さまざまな建設的な仕事もまた、思考の創造力の産物だ。

思考の創造力が人間の利益になるように具現化するとき、その結果は善と呼ばれる。思考の創造力が破壊的な、害になるような形で具現化するとき、その結果は悪と呼ばれる。

これが善悪の起源だ。善悪とは、思考の、もしくは創造のプロセスの結果の質を表現するためにつくられた言葉にすぎないのだ。

思考は常に行動に先行し、あらかじめ行動を決める。行動は状況に先行し、あらかじめ状況を決める。

レッスン20では、この重要なテーマにさらに光を当てたいと思う。

1　ある物の魂《スピリット》とは、その物自身だ。スピリットは当然ながら、確固たる、不変の、永遠のものだ。あなたのスピリットとは、あなたそのものだ。スピリットがなければ、

あなたは無に等しい。あなたがスピリットとその可能性を認識すれば、スピリットは活性化する。

2　たとえ世界中の富を手にしても、それを認めたり活用したりしない限り、何の価値もない。スピリチュアルな富も同じだ。それを認めたり活用したりしなければ、宝の持ち腐れだ。スピリチュアル・パワーを発揮するただ一つの条件は、使うこと。もしくは、認めることだ。

3　すべての偉大な事柄は、認識を通してやってくる。パワーを操る杖《つえ》は意識で、思考は意識のメッセンジャーだ。このメッセンジャーが、絶えず目に見えない世界の現実を形づくり、客観的な世界の状況や環境に反映している。

4　人生における本当の仕事は、思考することだ。パワーは思考の産物だ。あなたは常に、思考と意識の魔法のパワーを扱っているのだ。自分がかじ取りできるパワーに気づかないままで、一体どんな結果を期待できるというのだろう？

5　そんなことをしている限り、表面的な状況にしか目が向かないため、思考し、自らのパワーを認識している人たちの僕《しもべ》になるほかないだろう。彼らは知っているのだ。進んで思考しない限り、汗水たらして労働しなくてはならない、と。思考しなければしないだけ、労働しなくてはならなくなり、労働の報酬も少なくなるだろう。

6　パワーの鍵《かぎ》は、自分と宇宙意識との関係を完全に理解し、私たちの心の中で働く原理やカ、手順や組み合わせを完璧《かんぺき》に理解することにある。これは不変の原理だ、と覚えておくとよいだろう。不変でなければ、頼りにならない。あらゆる原理は不変なのだ。

7　宇宙意識が不変であることは、あなたにとってのチャンスだ。あなたは宇宙意識の活動的な側面であり、活動の回路なのだ。宇宙意識は、個人を通してしか活動できない。

8　宇宙意識の真髄があなたの内側にある――あなた自身である――と気づくと、自分のパワーを実感し始めるだろう。そのパワーは、想像力をかき立て、インスピレーションの火を灯し、思考に生命力を吹き込む燃料だ。このパワーがあれば、宇宙に存在するあらゆる見えない力とつながることができる。大胆に計画し、見事に実行できるのは、このパワーのおかげなのだ。

9　しかし、この気づきは、静寂の中でしかやってこない。どうやら静寂は、あらゆる偉大な目的を果たす必要条件のようだ。想像は、あなたの理想がビジュアライズされる工房だ。

10　このパワーの本質を完璧に理解することがパワーを発揮する第一条件なので、創造のプロセス全体を何度も繰り返しビジュアライズしよう。そうすれば、必要なときにいつでも活用できるようになる。すると、全能の宇宙意識のインスピレーションを、好きなときに好きなだけ受け取ることができる。

11　私たちはこの内なる世界を認識できず、自分の意識から排除しているかもしれないが、それでも、内なる世界はあらゆる存在の基本的事実だ。ゆえに、(自分の中だけでなく、あらゆる人、出来事、物事、環境の中に)内なる世界を認識できるようになれば、自分の「内側に」あるとされている「天国」を見つけられるだろう。

12　失敗も、まったく同じ原理が働いた結果だ。原理は不変なので正確に働き、ぶれることがない。不足や制限や不和について考えると、四方八方にその思考が実っていくのを目にするだろう。貧困や不幸や病気のことを考えると、思考というメッセンジャーが、それらに呼び出しをかけてしまうから、結果は火を見るよりも明らかだ。悲惨な出来事を恐れていると、聖書の通り「恐れたものが、わが身に降りかかった」と口にする羽目になるだろう。不親切なことを考えたり、無頓着《むとんちゃく》に思考したりすると、その結果を引き寄せる。

13　思考のパワーは、理解して正しく使えば、夢のような労力節約ツールになるが、理解せずに誤った使い方をすれば、これ以上ないほど悲惨な結果をもたらすだろう。すでにお話ししたように、思考のパワーの助けがあれば、不可能に見えることにも自信を持って取り組める。あらゆるインスピレーションや才能を生み出すパワーだからだ。

14　インスピレーションを得たいなら、踏みならされた道――決まり切ったやり方――から外れなくてはならない。並外れた結果を生むには、並外れた手段が求められるからだ。万物と一つであること、すべてのパワーの源は内側にあることを認識すれば、インスピレーションの源からひらめきを引き出すことができる。

15　インスピレーションとは受け取る技術であり、自己実現の技術だ。個人の意識を宇宙意識に合わせる技術であり、すべてのパワーの源に適切なメカニズムを取りつける技術でもある。形のないものを分化させて形をなす技術であり、無限の英知が流れる回路になる技術でもある。完成形をビジュアライズする技術であり、全能の意識が遍在していることを認識する技術でもある。

16　無限のパワーはあまねく浸透しているから、無限に小さくもあり、無限に大きくもある――その事実を理解し、認識すれば、パワーの本質を自分のものにできるだろう。また、このパワーは魂《スピリット》なので分割できない、という事実を深く理解すれば、同時にあらゆる場所に存在することも腑《ふ》に落ちるはずだ。

17　こうした事実をまずは頭で、次に心で理解すれば、無限のパワーの海からたっぷりとパワーを飲み込める。頭で理解するだけでは役に立たない。感情が動かなくてはならないからだ。感情のない思考は冷めている。思考と感情を組み合わせる必要があるのだ。

18　インスピレーションは内側からわいてくる。そのためには、静寂が必要だ。五感を静め、筋肉をリラックスさせ、安心を育《はぐく》まなくてはならない。そうして安心とパワーの感覚が得られたら、目的を達成するのに必要な情報やインスピレーションや英知を受け取る準備ができている。

19　この方法を透視の方法と混同してはいけない。インスピレーションと透視には、何の共通点もない。インスピレーションは受け取る技術であり、人生に最善の物事を生み出してくれる。人生におけるあなたの仕事は、そうした目に見えない力に操られ、支配されるのではなく、その力を理解し、自在に操ることだ。パワーには貢献の意味が含まれ、インスピレーションにはパワーの意味が含まれる。インスピレーションを得る方法を理解し、活用すれば、超人になれる。

20 もし豊かさを意図して呼吸をすれば、呼吸のたびにもっと豊かに生きられるようになる。この場合、「もし」が極めて重要なのは、意図が注意の力を司《つかさど》るからだ。注意の力がなければ、ほかの人たちと同じ結果しか得られない。要するに、人は求めた分だけ与えられるのだ。

21 もっと与えられたいなら、もっと求めなくてはならない。意識的に需要を高めていけば、供給も高まり、あなたに届く生命力もエネルギーも活力も、どんどん増していくだろう。

22 そうなる理由を理解するのは難しくないが、これは、広く理解されていない人生の重要な神秘の一つだ。それを自分で体験すれば、人生の偉大な真実の一つだとわかるだろう。

23 人は、「私たちは彼の内に生き、動き、存在している」と教わっている。そして、「彼」とは魂《スピリット》であり愛である、と聞かされている。つまり、呼吸のたびに、私たちは

生命と愛とスピリットを吸い込んでいるのだ。これは「気《プラーナ》」「プラーナ・エネルギー」

などと呼ばれるものだが、それなしには、誰も一瞬として生きていられない。これは宇宙のエネルギーであり、太陽神経叢《みぞおち》に真に宿る生命なのだ。

24 呼吸のたびに、人は肺を空気で満たすと同時に、生命力そのものであるプラーナ・エネルギーで全身を活性化している。つまり、私たちには、あらゆる生命、あらゆる知性、あらゆる物質と意識的につながるチャンスがあるのだ。

25 宇宙を司る原理と自分との関係や、この原理と自分が一つであることを知り、その原理と意識的に一体化する方法を理解すれば、病気からも、どんな不足や制限からも自由になれる。要するに、「生命の息吹《いぶき》」を吸い込むことができるようになるのだ。

26 この「生命の息吹」は、人間の意識を超えた現実のものだ。それは「私」という存在の真髄であり、純粋な「存在」、もしくは宇宙の根源物質だ。それと意識的に一つになれば、それを結集させ、創造のエネルギーのパワーを行使できる。

27 思考は創造的な波動であり、どんな状況が創造されるのかは、思考の質によって決まる。自分が持っていないパワーを発揮することはできないからだ。人は「行動」する

より前に、「存在」していなくてはならない。だから、「在り方」にふさわしい「行動」しか取れない。そして、「在り方」は、何を「考えている」かで決まる。何かを考えるたびに、あなたは因果の連鎖を作動させている。生み出される状況は、それを生み出した思考の質とぴったり一致する。宇宙意識と同調する思考は、それにふさわしい状況をもたらし、破壊的で不協和音に満ちた思考は、それ相応の状況をもたらすだろう。思考を建設的に用いても破壊的に用いても構わないが、不変の法則は、植えた思考と異なる実を収穫させてはくれない。この驚くべき創造のパワーをどう使うかは自由だが、結果を引き受けなくてはならないのだ。

28　これが、いわゆる「意志のパワー」の危険なところだ。世の中には、この法則を意志の力で抑えつけられる、と考える人もいるようだ。ある種を植えても、「意志のパワー」で別の実に変えられると思っているのだ。しかし、創造のパワーの基本原理は宇宙意識にある。だから、意志のパワーで自分の望みをごり押しするなど、本末転倒である。しばらくは成功しているように見えても、最終的には失敗する。活用しようとしている、まさにそのパワーを敵に回しているからだ。

29　個人が宇宙意識を抑えつけようとするのは、有限のものが無限のものと対立することだ。永遠の幸福を最善の形で育みたいなら、絶えず前進している大いなる全体と意識

的に歩調を合わせなくてはならない。

30 今週の課題は、静寂の状態に浸り、「私たちは彼の内に生き、動き、存在している」という聖書の言葉は科学的に正しい！　という事実に集中することだ。あなたが存在するのは、彼が存在しているからだ。彼が遍在しているなら、あなたの中にも存在するに違いない。彼がすべてにおけるすべてなら、あなたも彼の中に存在しているに違いない！　彼が魂《スピリット》であり、あなたが「彼の似姿」としてつくられたのなら、彼のスピリットとあなたのスピリットの違いは規模の差だけである。一部は全体と種類も質も同じに違いないからだ。これを明確に理解できれば、あなたは思考の創造のパワーの鍵《かぎ》を見つけられる。善悪の起源を知り、集中という素晴らしいパワーの鍵を見つけ、身体面、金銭面、環境面を問わず、あらゆる問題解決の鍵を発見できるだろう。

論理的に深く明晰《めいせき》に考える力は、間違いや失敗、迷信、非科学的な理論、不合理な信念、抑制のない情熱、狂信の公然たる怨敵《おんてき》である。

——フランク・チャニング・ハドック（米国の作家）

20週目のレッスン——Q&A

1. パワーはどんな状況に左右されるか？
それを認識し活用しているか否かに左右される。

2. 認識とは何か？
意識すること。

3. 私たちはどのようにパワーを意識するのか？
思考することによって意識する。

4. では、人生における本当の仕事とは何か？
科学的に正しく思考すること。

5. 科学的に正しい思考とは何か？
思考プロセスを、宇宙意識の意志に合わせられること。つまり、自然の法則と歩調を合わせること。

6. それはどうすれば達成できるのか？
私たちの心の中で働く原理や力、手順や組み合わせを完璧《かんぺき》に理解すれば達成できる。

7. 宇宙意識とは何か？
あらゆる存在の基本的事実。

8. あらゆる不足、制限、病気、不和の原因とは何か？
同じ法則の働き。法則は容赦なく働き、思考にふさわしい状況を絶えずもたらしている。

9. インスピレーションとは何か？
全知全能の意識が遍在していることを認識する技術。

10. 私たちが遭遇する状況は、何に左右されているのか？
自分の思考の質。行動は存在（在り方）に左右されており、在り方は思考に左右されているからだ。

21週目のレッスン　大きく考える

レッスン21をご紹介できることを光栄に思う。本レッスンの七つ目の項でおわかりいただけるように、成功の鍵の一つ、勝利を構築する方法の一つ、匠の意識《マスター・マインド》の偉業の一つは、物事を大きく考えることだ。八つ目の項でお話しするが、私たちが短時間でも心に抱いたことはすべて潜在意識に刻み込まれ、ひな型をつくる。そのひな型をもとに、創造のエネルギーが人生や環境にどっと流れ込むのだ。これが、祈りの素晴らしいパワーの鍵である。

ご存じのように、宇宙は法則に支配されている。どんな結果にも必ず原因があること、同じ原因と同じ状況が揃えば必ず同じ結果が出ることを、私たちは知っている。したがって、過去に聞き届けられた祈りは——適切な条件が整えば——今後も必ず聞き届けられる。これは真実に違いないのだ。そうでなければ、宇宙は秩序《コスモス》ではなく混沌《カオス》になっているはずだ。つまり、祈りが聞き届けられるかどうかは法則に支配されている。そして、この法則は、万有引力や電気を司《つかさど》る法則のように、明確で科学的に正しい。この法則を理解すれば、宗教の基盤を迷信や思い込みの世界から救い出し、科学に裏打ちされた盤石な礎《いしずえ》に変えることができる。とはいえ、残念ながら、祈り方を知っている人はほとんどいない。人々は、電気や数学や化学を司る法則があることは知っているが、なぜか思いも寄らないらしいのだ。スピリチュアルな法則も存在し、その法則もまた明確で科学的に正しく、寸分のずれもなく働いていることを。

1 パワーの真の鍵は、自分のパワーを自覚することだ。宇宙意識は無条件だ。だから、宇宙意識と自分が一つであることを自覚すればするほど、条件や制限が気にならなくなるだろう。種々の条件から解放され、自由になるにつれて、無条件であることを認識できるようになる。私たちは自由なのだ！

2 人は内なる世界の無尽蔵のパワーを自覚した途端に、それを活用し始める。そして、この気づきがくれた可能性をさらに大きく育《はぐく》み、活かすようになる。なぜなら、私たちが意識するものはすべて、必ず客観的な世界に現れ、具現化されるからだ。

3　そうなる理由は、万物の源である無限の意識が分割できない一つのものであり、個人はその永遠のエネルギーが顕在化する回路にほかならないからだ。人間の思考能力は、この宇宙の根源物質に働きかける能力なので、人間が考えることは、客観的な世界に生み出される。

4　この発見の結果は驚くべきもので、意識が極めて上質で、無尽蔵で、無数の可能性を秘めていることがわかる。このパワーを自覚した人は、何の変哲もない針金が電気の通った電線と触れ合ったときのように、「エネルギッシュな人」に早変わりするだろう。宇宙意識はまさにこの電線のように、個々の人生のあらゆる状況を満たすパワーを運んでいる。個人の意識が宇宙意識と触れ合うと、必要なすべてのパワーを受け取れる。これは、内なる世界で起こっていることだ。あらゆる科学が、この内なる世界が実在することを認めている。すべてのパワーを使えるかどうかは、この世界を認識できるか否かにかかっている。

5　好ましくない状況を排除できるかどうかは心の活動次第だが、心の活動は、その人がパワーを意識できるかどうかにかかっている。つまり、自分があらゆるパワーの源と一つだと自覚できればできるほど、状況の手綱を握るパワーも大きくなるのだ。

6　大志は小志に勝《まさ》る。小さな好ましくない流れに対抗し、打ち負かしたいなら、大きなことを考えるとよいだろう。そうすれば、つまらない厄介な障害が、あなたの人生から消える。あなたはさらに大きな思考の世界を意識するようになり、メンタルの力が高まるばかりか、価値のあることを成し遂げる立場に身を置けるようになる。

7　これは成功の鍵《かぎ》の一つであり、勝利を構築する方法の一つであり、匠の意識《マスター・マインド》の偉業の一つだ。マスター・マインドこと宇宙意識は、大きなことを考える。意識の創造のエネルギーは、小さな状況よりも大きな状況に対処するのを難しく感じたりはしない。宇宙意識は無限に小さなものの中にも、無限に大きなものの中にも同じように存在するからだ。

8　意識にまつわるこうした事実に気づけば、意識によってどんな状況でも生み出せることを理解できるだろう。短時間でも心に抱いた考えはすべて潜在意識に刻み込まれ、ひな型をつくる。そのひな型をもとに、創造のエネルギーが個人の人生や環境にどっと流れ込むのだ。

9　さまざまな状況がこのように生み出されることを思えば、人生は、心を支配している思い――心構え――を反映したものにほかならない、とわかるだろう。そして、正しい思考の科学が、あらゆる科学を網羅する科学であることが理解できるはずだ。

10 この科学から、私たちは学んでいる。すべての思考が脳に印象を刻みつけ、その印象が心の傾向をつくり、その心の傾向が性格や能力や目的をつくる。そして、性格と能力と目的を組み合わせた活動が、人生で遭遇する経験を決めるのだ、と。

11 人生の経験は、「引き寄せの法則」によってもたらされる。この法則の働きによって、私たちは外の世界で、内なる世界と呼応した経験をする。

12 心を支配している思い——心構え——は磁石で、「引き寄せの法則」とは「類は友を呼ぶ」ことである。つまり、心構えは、その性質にふさわしい状況を必ず引き寄せるのだ。

13 心構えとは私たちの人格のことであり、私たちが心の中で生み出す思考でできている。だから、状況を変えたいなら、思考を変えるしかない。そうすれば、心構えが変わり、人格が変わり、人生で遭遇する人や物事や状況や経験が変わる。

14 ただし、心構えを変えるのはたやすいことではない。それでも、粘り強く努力すれ

ば、きっと変えられる。心構えは、脳に焼きついたイメージに基づいている。そのイメージが気に入らないなら、ネガティブなイメージを一掃し、新しいイメージをつくる必要がある。これがビジュアライゼーションの技術だ。

15 ビジュアライゼーションができた途端に、あなたは新しい物事を引き寄せ始めるだろう。新しい物事は、新しいイメージに呼応している。これを達成するためには、現実化したい願望の完璧《かんぺき》なイメージを心に刻み、結果が出るまでそのイメージを抱き続ける必要がある。

16 その願望が、決意や能力、才能、勇気、パワー、その他のスピリチュアル・パワーが必要な願望なら、それらはイメージに欠かせない要素なので、必ずイメージの中に組み込むこと。思考にそうした感情を組み合わせると、必要なものを引き寄せる圧倒的な磁力が生まれる。感情は、イメージに生命力、すなわち、成長する力を吹き込む。イメージが成長し始めたら、遠からず結果が出るのは間違いない。

17 どんなことに取り組むときも、臆《おく》さずに最高の成果を目指してほしい。意識の力は常に、目的を持った意志を助け、最高の志を具現化する万全の準備をしている。意識の力がどのように働くかは、習慣が形成される様子を思えば、よく理解できるだろう。何

かを何度も繰り返し行えば、次第に楽にできるようになり、そのうち無意識に行えるようになる。悪習を打ち破るときも同じだ。何かをやめて、それを何度も避けているうちに、その行為から完全に解放されるだろう。だから、挫折《ざせつ》することがあっても、決して希望を失ってはいけない。法則は絶対にぶれないので、途切れ途切れでも努力を続けていれば、必ず報われる。

18　この法則があなたのためにできることは無尽蔵だ。大胆に自分の理想を信じよう。自然は理想に合わせて自在に形を変えることを、覚えておいてほしい。だから、理想をすでにかなった事実として思い描くとよいだろう。

19　人生の真の戦いとは、思考の戦いだ。これは少数派対多数派――建設的で創造的な思考と、破壊的でネガティブな思考――の戦いなのだ。創造的な思考は理想に、ネガティブな思考は見せかけに支配されている。どちらの側にも、それを支持する科学者、文学者、実業家がいる。

20　創造的な側には、研究室の中や顕微鏡や望遠鏡の前で過ごしている人たちに加えて、ビジネスや政治や科学の世界を牛耳っている人たちもいる。一方、ネガティブな側には、法や前例を調べている学者や、神学を宗教と取り違えている宗教家、権力を権利と取り

違えている政治家、進歩より前例を好んでいるらしい膨大な数の人々がいる。彼らは常に未来よりも過去に目を向け、外の世界だけを見て、内なる世界については何一つ知らない。

21 詰まるところ、この2派しかないのだ。すべての人が、どちらかの立場を選ばなくてはならない。前進するか、後退するか。万物が動いている世界で、立ち止まることはできない。気まぐれで不公平な古いルールに認可や力を与えるのは、立ち止まろうとする試みだと言える。

22 私たちが今過渡期にあるのは、至るところで目にする混乱からも明らかだ。人々の不満は、天の大砲のように低く不気味な音を立てているが、次第にボリュームを上げ、雲から雲へと伝わって、いずれは稲妻が天と地にとどろくことになるだろう。

23 産業、政治、宗教の世界の最前線をパトロールしている者たちは、不安げに声をかけ合っている。彼らが守ろうとしている立場が危機や不安にさらされていることが、刻一刻と明らかになっている。新しい時代の夜明けが、「既存の秩序はそう長くもたない」と宣言するときが必ずやってくる。

24　旧体制と新体制の問題は社会問題の核心だが、これは人々が心の中で、宇宙の本質について確信できるか否かにかかっている。人々が、宇宙の魂《スピリット》、あるいは宇宙意識の超越的な力が個々の人間の内側に宿っている、と理解すれば、少数派の特権ではなく、多数派の自由と権利を守る法律が制定されるだろう。

25　人々が宇宙のパワーを「人間に無縁のパワー」だと見なしている限り、社会にどれほど反発の気運が高まろうと、特権階級が天与の権利で世の中を牛耳るのはそう難しくないだろう。民主主義の真の利益とは、人間の魂《スピリット》の神々しさを称賛し、解き放ち、認めることにある。つまり、あらゆるパワーが内側からやってくること、どんな人間も――誰かがパワーを喜んで委《ゆだ》ねない限り――ほかの人間より大きなパワーを持つことはできないこと、それを認める必要があるのだ。古い体制は、法律をつくる者より法律のほうが優れている、と人々に信じ込ませた。ここに、特権や不平等といった社会の悪行の源が見える。神に選ばれた人たちがいる、という運命論的な教えが、制度化されているのだ。

26　神とは宇宙意識のことだ。宇宙意識は例外を認めないし、えこひいきをしない。気まぐれや怒り、嫉妬《しっと》や復讐《ふくしゅう》で行動することもない。喜んだり、おだてられたり、同情したり、嘆願に心を動かされたりして、人間の幸せや生存に必要なものを供給したりもしない。ただ、宇宙意識が誰かを特別扱いすることはないが、「自分は宇宙の原理と一つだ」と理解し、認識している人は、えこひいきされているように見えるだろう。その人は、あらゆる健康、あらゆる富、あらゆるパワーの源を見つけているからだ。

27 今週の課題は、真実に集中することだ。真実が自分を自由にしてくれる、と気づく努力をしよう。つまり、科学的に正しい思考方法と原理を活用できるようになれば、あなたの成功を妨げるものは、永遠に現れないだろう。自分が外の世界で具現化しようとしているものは、自分の魂にもともと備わっているものだ、と自覚しよう。静寂が常に、真実を呼び覚ます無限のチャンスを提供していることに気づいてほしい。全能の意識自体は完全なる静寂であり、ほかのすべてのものは変化で、活動で、制限であることを理解しよう。つまり、静寂の中で思考を集中させることは、内なる世界の素晴らしい潜在能力に触れ、それを呼び覚まし、発揮する真の方法なのだ。

思考の訓練は無限の可能性を秘めており、その結果は永遠のものだ。しかし、多くの人は、思考を自分に役立つ回路に向ける努力をせず、すべてを運任せにしている。

――オリソン・スウェット・マーデン（米国の作家）

21週目のレッスン――Q&A

1. パワーを活かす真の鍵《かぎ》とは何か？
パワーを自覚すること。私たちが意識を向けるものはすべて、客観的な世界に現れ、具現化されるからだ。

2. このパワーの源とは何か？
宇宙意識。万物を生み出す宇宙意識は一つのもので、分割できない。

3. このパワーはどのように現れるのか？
個人を通して現れる。個人は、このエネルギーが分化して形をなす回路なのだ。

4. どうすればこの全能の意識とつながれるのか？
思考能力を通してつながれる。思考能力は、宇宙のエネルギーに働きかける能力なので、人間が思考することは、客観的な世界に生み出される。

5. この発見はどのような結果をもたらすのか？
驚くべき結果をもたらす。これまでにない無限のチャンスを開いてくれる。

6. では、どうすれば好ましくない状況を排除できるのか？

自分がすべてのパワーの源と一つであることを自覚すれば、排除できる。

7. 匠の意識《マスター・マインド》の顕著な特徴とは何か？
物事を大きく考えること。大きな考えを抱いているので、つまらない厄介な障害に対抗し、打ち負かすことができる。

8. 経験はどのようにしてもたらされるのか？
「引き寄せの法則」を通してもたらされる。

9. この法則は、何によって働くのか？
習慣的に心を支配している思い——心構え——によって働く。

10. 旧体制と新体制の問題とは何か？
宇宙の本質について確信しているか否か、という問題。古い体制は、神に選ばれた人たちがいる、という運命論的な教えにしがみつこうとしている。新しい体制は、個々人の神々しさ、すなわち、人類の民主主義を認めている。

22週目のレッスン　生命について

レッスン22では、思考はスピリチュアルな種《たね》で、潜在意識に植えると発芽して伸びていくが、残念ながら、たいていの場合、私たちが望む果実を実らせないことがわかるだろう。身体のさまざまな炎症や麻痺《まひ》や緊張や病気は通常、恐れ、心配、気苦労、不安、嫉妬、憎しみといった思考の現れである。生命の営みは、次の二つのプロセスによって遂行されている。一つは、細胞をつくるのに必要な栄養物を吸収し、活用すること。もう一つは、老廃物を分解し、排出することだ。

生きとし生けるものは、この二つのプロセス――建設的な活動と破壊的な活動――に支えられている。細胞をつくるのに必要なものは食物と水と大気だけなので、寿命を延ばすのは、さほど難しいことではないようだ。意外に思われるかもしれないが、あらゆる病気の原因はほぼ例外なく、二つ目の破壊的な活動にある。老廃物がたまって組織に浸透し、自家中毒を起こしてしまうのだ。部分的に起こすこともあれば、全体に及ぶこともある。前者の場合は局所的な問題ですむが、後者の場合は全身に影響が及ぶだろう。

そうなると、病気を治すために、身体にさらに多くの生命エネルギーを流入させ、全身に行き渡らせる必要がある。そのためには、恐れ、心配、気苦労、不安、嫉妬、憎しみといった破壊的な思考を取り除かなくてはならない。ネガティブな思考は、有害な老廃物の排出を司《つかさど》る神経や腺《せん》を傷つけ、破壊してしまうからだ。

「栄養のある食べ物や滋養強壮剤」には、生命を授ける力はない。これらは生命が具現化した物質にすぎないからだ。では、生命そのものについて、そして、生命と触れ合う方法について、今からご説明したい。

1 知識には、お金では買えない価値がある。知識を活用することで、望み通りの未来を創造できるからだ。今の性格、環境、能力、健康状態が、すべて過去の思考パターンの産物だと気づけば、知識の価値が理解できるだろう。

2 今の健康状態が理想とかけ離れているなら、自分の思考パターンを振り返ってみよう。思い出してほしい。どんな思考も心に印象を刻みつけ、その印象が種となって潜在

意識に潜り込み、ある傾向を形成することを。その傾向はさらに、ほかのよく似た思考も引き寄せるので、無意識のうちに、思考にふさわしい実を収穫することになるのだ。

3　思考に病原菌が宿っていたら、病気、衰え、弱さ、失敗といった実を刈り取ることになる。問題は、自分が何を思考し、何を創造し、何を収穫しようとしているかだ。

4　健康状態に改善すべきところがあるなら、ビジュアライゼーションが効果的だろう。完璧《かんぺき》な肉体をイメージし、それが意識に浸透するまでイメージし続けよう。この方法で、多くの人が数週間のうちに持病を治してしまった。そして何千人もの人が、さまざまな体調不良を数日のうちに、場合によっては数分のうちに完治させている。

5　こうして心が身体の手綱を握れるのは、「波動の法則」が働いているからだ。心の活動はすべて波動だ、と私たちは知っている。そして、あらゆる形は動きの一形態、すなわち波動の周波数にすぎないことも知っている。だから、波動に変化があると、体内のすべての原子にすぐさま修正が加わり、すべての生体細胞が影響されて、全身の細胞群に化学的な変化が生じるのだ。

6　宇宙のすべてのものは、波動の周波数のおかげで今の姿をしている。波動の周波数が変わると、質も形も変わるのだ。広大な自然の全景も、目に見えるもの、見えないものを問わず、波動の周波数の変化によって絶えず変化している。思考も波動なので、私たちもこのパワーを行使することができる。波動を変えれば、体内に具現化したいどんな状態でも生み出すことができる。

7　誰もが常にこのパワーを活用している。問題は、ほとんどの人が無意識に使っているので、望まない結果を生み出していることだ。重要なのは、パワーを賢く使って望む結果だけを生み出すこと。これは、そう難しくはないはずだ。何が体内に心地よい波動をつくり、何が不快な感覚をもたらすのか、誰もが経験から十分に知っているからだ。

8　ただ自分の経験を振り返ってみればいい。思考が上向き、前向き、建設的、勇敢、崇高、親切といった望ましいものなら、それにふさわしい波動が生まれ、それ相応の結果をもたらすはずだ。思考が憎しみ、妬《ねた》み、嫉《そね》み、批判といった不和に満ちたものなら、それ相応の波動が生じ、それが維持されると、現実の世界に具現化される。ポジティブな波動はメンタル面、モラル面、身体面を問わず健全な状態を生み出し、ネガティブな波動は、不和や不調和や病気をもたらすだろう。

9　そのとき、心が身体を支配する何らかのパワーを持っていることを理解できるはずだ。

10 客観的な心――顕在意識――が身体に影響を及ぼすことは、容易に理解できる。誰かの言葉を面白いと思えば、あなたは笑い、全身を震わせるだろう。これで、思考が筋肉を支配していることがわかる。あるいは、誰かの発言に同情したら、涙がこぼれるだろう。これで、思考が身体の腺を支配していることがわかる。誰かの発言に腹を立てたら、顔が赤らむだろう。これで、思考が血液の循環を支配していることがわかる。しかし、こうした経験はいずれも、顕在意識が身体に作用した結果なので、束の間のものだ。その現象はすぐに消えて、また元通りになる。

11 では、主観的な心――潜在意識――が身体に及ぼす影響は、どう違うのかを説明しよう。あなたがけがをしたら、無数の細胞が一斉に治療を始め、数日か数週間のうちに治し終えるだろう。骨折してしまったら、どんな優秀な外科医でも、折れた部分をつなぐことはできない。医師が折れた骨を元の位置に戻して固定したら、潜在意識が直ちに骨接ぎを始め、短期間のうちに骨をまた元通りにするだろう。毒を飲んでしまったら、潜在意識は直ちに危険を察知して、それを排除する猛烈な努力を始める。危険な細菌に感染したら、潜在意識はすぐさま感染部位の周りに壁をつくり、そのために派遣した白血球に吸収させることで細菌を滅ぼすだろう。

12 潜在意識のこうした働きは、当人の知識や指示がなくても遂行され、当人が邪魔をしない限り、完璧な結果に終わる。だが、何百万という修復細胞はみな知性を備え、本人の思考に反応するため、恐れ、疑念、不安といった思考のせいで麻痺したり、何もできなくなったりしがちだ。修復細胞は、職人の集団に似ている。重要な仕事をする準備を整えているのに、取りかかるたびにストライキを求められたり、計画を変更されたりしてやる気を失い、結局あきらめてしまうのだ。

13 健康への道は、「波動の法則」に基づいている。「波動の法則」はあらゆる科学の基礎であり、法則を作動させるのは心——内なる世界——だ。つまり、健康も、個人の努力や実践で何とかできる問題なのだ。パワーは内なる世界に宿っている。賢い人なら、「外の世界」で目にした結果に対処しようと時間や労力を無駄にしたりはしない。それは、内側が外に反映されたにすぎないからだ。

14 原因は必ず「内なる世界」で見つかる。原因を変えることで、結果も変えられる。

15 体内のすべての細胞には知性が備わっているので、あなたの指示に応《こた》えるだろう。どの細胞も創造主なので、あなたが与えた通りの形をつくる。

16　つまり、潜在意識に完璧なイメージをセットすると、創造のエネルギーが完璧な肉体をつくるのだ。

17　脳細胞も同じように構築される。脳の質を司っているのは心の状態——心構え——なので、望ましくない心構えが潜在意識に伝わると、それが身体にも伝わる。だから、健康で、力強く、生命力にあふれた肉体を望むなら、それにふさわしい思考で心を満たさなくてはならないのだ。

18　人間の身体のすべての要素は、波動の周波数の産物だ、と私たちは知っている。

19　心の活動とは波動の周波数のことだ、とわかっている。

20　高い波動は、低い波動を支配し、修正し、左右し、変化させ、破壊することも知っている。

21　波動の周波数を司るのは脳細胞の性格だ、と承知している。

22 そして最終的に、脳細胞のつくり方も知っている。

23 だから、身体に望み通りの変化をもたらす方法もわかっている。心のパワーについてここまで詳しくなると、全能の自然の法則と同調すれば、人間の能力には限りがないことも理解できている。

24 心が身体に影響を及ぼしたり、支配したりすることは、ますます広く理解されるようになっている。今や多くの医師が、この問題に大きな関心を寄せている。このテーマに関する重要な本を何冊も書いたアルフレッド・T・スコフィールド博士は述べている。
「メンタルヒーリング（訳注　心を使って健康な肉体をつくり、維持する方法。「信仰療法」などとも呼ばれる）というテーマは、いまだに医療活動において、おおむね無視されています。生理学は、身体の健康を司《つかさど》る最も重要な力について何の言及もしていないし、身体を支配する心の力についても、ほとんど語られていません」

25 たしかに、多くの医師は、心因性の病気を賢く上手に治療している。しかし、彼らが披露している知識は、学校で教わったものでも本から学んだものでもなく、直感と経験に基づいている。

26　これはあるべき姿ではない。メンタルヒーリングのパワーは、すべての医学学校で入念に、特別に、科学的に教えるべきテーマなのだ。そうすれば、虐待や治療不足についてもさらに深く探求され、医療ネグレクトの悲惨な結果についても説明されるだろう。決して楽しい取り組みでないのはたしかだが。

27　ほとんどの患者が、自分でどれだけのことができるのか、わかっていないのは明らかだ。患者が自分でできること――患者本人がどれほどの力を行使できるのか――は、まだ解明されていないのだ。患者の力は、どうやら想像よりもはるかに大きなもので、今後は間違いなく、ますます活用されることになるだろう。メンタルヒーリングを、患者自身が主導するようになるかもしれない。興奮した心を静める、喜び、希望、信頼、愛といった感情を呼び覚ます、運動する意欲を高める、思考を病気からそらす、といったふうに。

28　今週の課題は、テニスンの美しい言葉に集中することだ。「汝《なんじ》、神に語りかけよ。神が聞いてくだされば、魂と魂が出会い、吐息よりも近く、手足よりもそばに神を感じられるだろう」。そして、「神に語りかける」とき、全能の意識と触れ合っていることに、気づく努力をしてほしい。

29 この遍在するパワーを認識すれば、どんな病気や苦しみも瞬く間に滅ぼされ、代わりに調和と完璧《かんぺき》さが現れるだろう。世の中には、病気や苦しみは神から遣わされたものだ、と考える人たちもいるようだ。それが本当なら、内科医や外科医や赤十字社の看護師は一人残らず、神の意志に逆らっていることになるし、病院や療養所も慈愛の家ではなく反逆の砦《とりで》、ということになってしまう。もちろん、そんなはずはない、とわかるだろうが、いまだにそういう考えを後生大事にしている人たちも大勢いる。

30 ごく最近まで神学者たちが、創造主について信じがたい教えを広めようと努力していた事実を、よく考えてほしい。罪を犯すことのできる存在を創造しておきながら、罪をとがめて永遠に罰したというのだから。言わずもがなだが、そうした途方もない無知がもたらした結果は、愛ではなく恐れだった。そんな教義を2000年間も宣伝した結果、神学は今、世界に対する謝罪に奔走している。

31 神が愛であるなら、神の似姿である理想的な人間を、もっと快く評価できるだろう。また、万物を形づくり、支え、養い、創出し、創造する宇宙意識を、もっと快く評価できるだろう。「すべてのものは驚くべき全体の一部にすぎず、その肉体は自然で、その魂は神である」。気づきのあとにはチャンスが、インスピレーションのあとには行動が、知識のあとには成長が、進歩のあとには卓越がやってくる。常にスピリチュアルなこと

が先で、無限の可能性——達成——に向かう変容が始まるのはそのあとである。

22週目のレッスン——Q&A

1. 病気はどのように滅ぼされるのか？
全能の自然の法則と同調することで滅ぼされる。

2. そのためには、どんなプロセスを踏むべきなのか？
人間はスピリチュアルな存在であること、この魂《スピリット》は完璧そのものであることを認識すること。

3. それはどんな結果をもたらすのか？
完璧さを——まずは頭（知性）で、次に心（感情）で——認識すれば、その完璧さが具現化される。

4. それはなぜか？
思考はスピリチュアルなものなので創造力を持ち、対象と相関関係を持ち、それを顕在化させるからだ。

5. どんな自然の法則が働くのか？
波動の法則。

6. なぜこの法則が支配力を持つのか？
高い波動が、低い波動を支配し、修正し、左右し、変化させ、破壊するからだ。

7. メンタルヒーリングのシステムは、広く認識されているか？
されている。アメリカでは、文字通り何百万人もの人が、このシステムを何らかの形で活用している（世界中では、明らかにさらに多くの人たちが活用している）。

8. このシステムは、どのような結果をもたらしたのか？
史上初めて、最高の思考能力を行使できる人たちが、世界中に急速に広がりつつある真実の証拠を確認できるようになった。

9. このシステムは、ほかの形でも供給できるのか？
このシステムは、全人類の要求や必要性を満たすことができている。

10. このシステムは科学的か、それとも宗教的か？
科学的かつ宗教的だ。真の科学と真の宗教は双子の姉妹のようなもので、切っても切れない関係にある。

23週目のレッスン　与えることと受け取ること

今からご紹介するパートでは、お金が、私たちの存在そのものに組み込まれていることがわかるだろう。「成功の法則」とは貢献を意味すること、人は与えたものを受け取ることも、理解できるだろう。だからこそ、私たちは、与える能力があることを光栄に思うべきなのだ。ここまで見てきたように、思考は、あらゆる建設的な計画を支える創造的な営みである。つまり、私たちが与えるもので、思考ほど価値のあるものはほかに一つもないのだ。

創造的な思考には、注意の力が必要だ。注意の力は、すでにおわかりのように、超人的なパワーだ。注意は集中力を育《はぐく》み、集中力はスピリチュアル・パワーを育む。スピリチュアル・パワーは、この世で最強の力だ。これはあらゆる科学を網羅する科学であり、どんな技術よりも人間生活と深く結びついた技術だ。この科学と技術を習得すれば、果てしない進歩のチャンスが得られるだろう。ただし、6日や6週や6ヵ月で、完璧にマスターできるものではない。これは一生の仕事なのだ。前進しなければ、後退しているのと同じだ。ポジティブで建設的で他者を思いやる思考を抱けば、必ず広くよい影響を及ぼせるだろう。宇宙の基本は「補償」であり、自然は絶えずバランスを取ろうとしている。何かを送り出したら、何かを受け取らなくてはならない。そうでなければ、空白ができてしまうからだ。このルールを守っていれば、法則を使って努力した分だけ、必ず恩恵を受けられるだろう。

1　お金の意識は、心構えの一つだ。それはビジネスという大動脈につながる扉であり、新しいものを進んで受け入れる姿勢だ。願望は流れを生み出す引力で、恐れは流れを止めたり、逆流させたり、自分から遠ざけたりする大きな障害になる。

2　恐れはお金の意識とは対極の、貧困の意識だ。法則は不変なので、私たちは与えたものをそのまま受け取る。つまり、恐れていると、恐れている物事を受け取ることになる。お金は、私たちの存在そのものに組み込まれている。お金は、最善の思考を抱く人たちと引き合うのだ。

3　仲間の助けでビジネスがうまくいき、お金が儲《もう》かることは多々ある。人は仲間のためにお金をつくり、仲間を助け、仲間の役に立つことで、仲間の輪を広げる。成功の第一法則は貢献である。それは、誠実さと正義に根差している。故意にずるいことをする人は、交換の基本法則を知らない無知な人間だ。当然、箸《はし》にも棒にもかからず、必ず失敗するだろう。本人はそうと気づかず、勝てるつもりでいるかもしれないが、負け戦《いくさ》は確定している。無限の意識をだますことはできないからだ。「補償の法則」から、「目には目を、歯には歯を」と求められる羽目になる。

4　生命の力は変化しやすい。それは、私たちの思考や理想でできており、次々と形をなしていく。私たちがやるべきことは、先入観を持たず、常に新しいものに手を伸ばし、チャンスに気づき、ゴールよりもレースそのものに関心を持つことだ。喜びは、何かを手に入れることよりも、それを追い求めることにあるからだ。

5　あなたは、お金を引き寄せる磁石になれる。ただし、そのためには、まず、どうすればほかの人たちのためにお金を稼げるのかを考えなくてはならない。チャンスや望ましい状況を察知し、価値のあるものを認識できる洞察力があれば、それを活かして成功できるかもしれない。だが、最大の成功が訪れるのは、あなたがほかの人たちの助けになれるときだ。一人の利益が、全員の利益にならなくてはいけないのだ。

6　物惜しみしない思考は強さと生命力にあふれているが、自分本位な思考は崩壊の芽を宿しているから、いずれ壊れて消えるだろう。大物資本家は富を分配する回路にすぎないから、莫大《ばくだい》な富が入っては出ていく。だが、支出を止めるのは、収入を止めるのと同じくらい危険な行為だ。出入り口はどちらもオープンにしておかなくてはいけないのだ。与えることは受け取ることと同じくらい重要だ、と気づいたときに、最大の成功がやってくる。

7　すべての供給の源である全能のパワーを認識すれば、意識をこの供給のパワーに合わせ、常に必要なものをもれなく引き寄せられるようになる。与えれば与えるほど、たくさん受け取れるようになるだろう。ここでの「与える」には、貢献という意味合いもある。銀行家はお金を、ビジネスパーソンは商品を、作家は考え方を、職人は技を与える。誰もが何かしら与えるものを持っているが、与えることができるものが多ければ多いほど、多くを受け取るだろう。そして、受け取るものが多ければ多いほど、多くを与えることができる。

8　資本家が多くを得ているのは、多くを与えているからだ。彼らは思考している。誰かに代わりに考えてもらう、といったことを滅多にしない人たちなのだ。彼らはどうすれば確実に結果を出せるかを知りたがっている。もしあなたがそれを提示できれば、資本家が、何百人、何千人が利益を上げられる手段を提供してくれるだろう。そうしてみんなが成功すればするほど、資本家自身も成功する。モルガン、ロックフェラー、カーネギーといった人たちは、ほかの人たちのためにお金を使ったからお金持ちになったのではない。ほかの人たちのためにお金をつくったから、世界一裕福な国で誰よりも裕福な人間になれたのだ。

9 普通の人たちは、深く思考することがない。他人の考えを受け入れて、オウムのようにただ繰り返しているだけだ。世論がどのように形成されるかを見れば、一目瞭然《いちもくりようぜん》だろう。大多数の人が従順な態度で、思考を一握りの人たちに快く委《ゆだ》ねているから、多くの国で少数派が権力を独占し、何百万人もの人々を支配できているのだ。創造的な思考には、注意の力が必要だ。

10 注意のパワーは、集中力とも呼ばれる。このパワーの手綱を握るのは意志だ。つまり、自分が望んでもいないことに集中したり、思考を向けたりしてはならないのだ。多くの人は、絶えず悲しみや喪失や不和に心を注いでいる。思考は創造力を持つので、集中した結果、当然ながら、さらなる悲しみや喪失や不和を引き寄せている。当たり前ではないだろうか？　一方、成功や利益をはじめとした望ましい状況に遭遇すると、人はおのずとその結果に集中するので、さらに望ましいものを引き寄せる。こうして、すでに多くを持つ者がさらに多くを手にすることになるのだ。

11　この原理をいかにビジネスに活用できるかは、私の友人がうまく説明してくれている。

12　「魂《スピリット》は——こう呼ぶのがふさわしいかどうかわかりませんが——意識の真髄《エッセンス》、心の本質、思考の根底に実在するもの、と見なされるべきです。そして、すべてのアイデアは、意識、心、もしくは思考の活動の側面なので、当然ながら、重要な事実、本物、アイデアは、スピリットの中だけに見出《みいだ》されます」

13　これを認めたら、納得できるのではないだろうか？　魂《スピリット》とそれが顕在化する法則を深く理解することは、「実践的な」人間にできる何よりも「実践的な」事柄なのだ、と。「実践的な」人たちがこの事実を認識すれば、きっと「一生懸命」、スピリチュアルな事柄や法則の知識を得ようとするのではないだろうか？　彼らは愚かな人たちではない。基本的な事実を理解し、成功の本質に目を向ける必要があるだけだ。

14　では、具体的な例を挙げよう。私は常々、シカゴにいるある知り合いを、かなりの物質主義者だと考えていた。

15　彼は人生でいくつか成功を収め、いくつか失敗もしていた。最後に話したときは、以前の羽振りのよさは鳴りを潜め、「落ちぶれて」いた。まさに「崖《がけ》っぷち」の状態に見えた。すっかり中年になった彼には、新しいアイデアも以前ほど頻繁にわいてこなくなっていたからだ。

16 彼は、おおむねこんなことを言った。「ビジネスで『うまくいく』ことはすべて思考の結果だ、とわかっているんだ。どんなバカでも知っていることだ。今の私には、どうやら思考や素晴らしいアイデアが足りていないようだ。でも、『すべては意識だ』というこの教えが正しいなら、個人が無限の意識と『直接つながる』ことができるはずだ。無限の意識には、ありとあらゆる素晴らしいアイデアの可能性が宿っているに違いない。それを私のような勇気と経験のある人間がビジネスの世界で活かせば、大成功を収められるはずだ。これはうまくいきそうな気がするから、よく調べてみるつもりなんだ」

17 これは数年前の話だ。そして先日、再び彼の話を耳にした。同じく彼の旧友である別の友人に、私が尋ねたのだ。「Xさんは最近どうしてる？　彼は立ち直ったのかな？」。友人は驚いたように私を見つめた。「えっ、Xさんの大成功を知らないの？　彼は『A社』(この18ヵ月間に驚異的な成功を収め、広告の効果で、国内はもとより海外でも今や知らぬ者のいない会社だ）の幹部だよ。あの会社に素晴らしいアイデアを提供したのが、彼だったんだ。何と50万ドルくらい儲けて、一〇〇万ドルを突破する勢いらしいよ。わ

ずか18ヵ月の間にね」。彼とのつながりは知らなかったが、この会社が大成功していることは知っていた。調べたところ、話は事実で、友人は何一つ誇張してはいなかった。

18 さて、あなたはどう思うだろう？　私は、この男性は実際に無限の意識――目に見えない力《スピリット》――と「直接つながり」、スピリットを自分のために働かせたのだと思う。「ビジネスに活用した」のだ。

19 不謹慎で罰当たりな話に聞こえるだろうか？　そうではないことを祈る。そんなことを言いたいわけではないのだ。「無限の意識」という概念から、神聖なる人格や人間性といった含みを取り除いてみてほしい。すると、「無限の存在のパワー」という概念が残るだろう。その本質が意識、すなわち、スピリットなのだ。この男性も詰まるところ、スピリットが顕在化した存在にほかならないので、スピリットである彼が、自分の源と一つになって、そのパワーをいくぶん顕在化した、と考えれば、何ら罰当たりなことはしていない。私たちはみな、「創造的な思考」をするとき、大なり小なりこれと同じことをしている。この男性はただみんなより大きく、極めて「実践的な」やり方をしたにすぎない。

20 彼がどんな手順で成功したのかまだ尋ねていないが、チャンスがあれば聞いてみる

つもりだ。彼はきっと自分に必要な（成功の種となる）アイデアを無限の供給から引き出しただけでなく、思考の創造のパワーを使って、物質化したい理想のひな型をつくったのだろう。そこに時々何かを加えたり、変更したり、細部を改善したりして、大まかな青写真を詳細な完成図につくり変えていったに違いない。そう考える根拠は、彼と交わした数年前の会話だけではない。創造的な思考を具現化させたほかの著名人たちも、同じ方法を取ったことを知っているからだ。

21 無限のパワーを物質界で自分の仕事に役立てる、という考えに抵抗がある人は、覚えておいてほしい。無限の意識がその流れに少しでも反発していたら、事は絶対に起こっていない。無限の意識は、自己管理ができるのだ。

22 「スピリチュアルに生きること」はかなり「実践的」、いや、非常に「実践的」どころか極めて「実践的」なことなのだ。スピリチュアルに生きれば、スピリットが実在すること、全体であることがわかり、物質とは、スピリットが生み出し、形成し、操り、創造することのできる、自在に形を変えるものにすぎない、とわかるだろう。世の中に、スピリチュアルに生きることほど「実践的」なことはない。この世に存在する、唯一絶対の「実践的」な事柄なのだ！

23 今週は、人間は魂《スピリット》を持つ肉体ではなく、肉体を持つスピリットなのだ、という事実に集中しよう。だから、人間の願望は、スピリチュアルではない物事には、束の間の満足感しか得られないのだ。要するに、お金は、私たちが望む状況――調和に満ちた状況――をもたらしてくれない限り、何の価値もないものだ。調和に満ちた状況は十分な供給を伴うので、何か不足がある場合は、お金の意図もしくは魂が「貢献」であることを理解しよう。その思考が形をなせば、供給の回路が開き、あなたは、スピリチュアルな方法が極めて実践的だと知って、満足を覚えるだろう。

一つ発見したことがある。ある目的のために秩序立てて熟慮をすると、その目的は具現化される。ゆえに、自分のダイナミックな実験の結果に、絶対的な自信を持つことができる。

――フランシス・ラリマー・ワーナー

23週目のレッスン――Q&A

1. 成功の第一法則とは何か？

貢献。

2. 私たちは、どうすれば最も貢献できるのか？
先入観を持たないこと。ゴールよりもレースそのものに、何かを手に入れることよりも、それを追い求めることに関心を持つことだ。

3. 自分本位な思考は何をもたらすのか？
自分本位な思考は崩壊の芽を宿しているから、いずれ壊れて消える。

4. どうすれば最大の成功を獲得できるのか？
与えることは受け取ることと同じくらい重要だ、という事実を認識すること。

5. 資本家はなぜたびたび大成功を収めるのか？
自分で思考するからだ。

6. すべての国の大多数の人々は、なぜ従順な態度で少数派の道具に甘んじているのか？
思考を一握りの人間に委《ゆだ》ねているから。

7. 悲しみや喪失に集中すると、どんな結果がもたらされるか？

さらに悲しみや喪失が増える。

8. 利益に集中すると、どんな結果がもたらされるか？
さらに利益が増える。

9. この原理は、ビジネス界で活用されているか？
されている。これは、これまでに活用され、今後も活用できる唯一の原理だ。これ以外の原理は存在しない。ただし、無意識に活用しても状況は変わらない。

10. この原理の実際の活用法とは？
成功は、原因ではなく結果だ。だから、結果を手に入れたいなら、その結果をもたらした原因、アイデア、もしくは思考を突き止めることだ。

あなたの心を偉大な思考で育みなさい。英雄の存在を信じるから、英雄が生まれるのだ。

――ベンジャミン・ディズレーリ（英国の政治家）

24週目のレッスン　贈り物

さて、この講座の最後のパート、レッスン24をお届けしよう。これまでにご紹介してきた課題を、勧められた通りに毎日数分間こなしてきた人は、「人生に望みを放てば、人生から望み通りのものを受け取れる」と気づいたはずだ。そして、受講生のこんな言葉にうなずくだろう。「思考は圧倒的で絶大な力を持ち、いつでも使えて、確実で、合理的で、便利なものだ」。思考の知識がくれる果実は、言うなれば、神々からの贈り物だ。これは人間を自由にしてくれる「真実」なのだ。あらゆる不足や制限から解放してくれるばかりか、悲しみや心配や気苦労からも自由にしてくれる。この法則がえこひいきをしないこと、あなたがどんな思考習慣を持っていても働くことは、素晴らしいことではないだろうか？　道は万人に用意されている。

あなたが信心深い人なら、史上最も偉大な宗教の師が、誰もが歩めるように道を明らかにしてくれたことに気づくだろう。物理科学を好む人なら、法則が数学的な精度で働いていることに気づくだろう。哲学を好む人なら、師匠はプラトンかエマーソンだろうが、どちらにしても、無限のパワーを獲得できることに気づくだろう。この原理を理解することは、古《いにしえ》の錬金術師たちが求めて見つけられなかった鍵を手に入れることだ、と私は確信している。なぜなら、この原理は、心の中の金をどのように掌中の金に変えられるのかを説明しているからだ。

1　科学者たちが初めて太陽を太陽系の中心に据え、地球がその周りを回っている、と主張したとき、人々は途方もなく驚愕《きょうがく》し、狼狽《ろうばい》した。その考え自体が、明らかに間違っているように思えたからだ。太陽が空を横切る動きほど、確かなものはなかった。西の山の向こうに、海の中に沈んでいくさまを誰もが見ることができたからだ。学者たちは憤り、多くの科学者は「ばかばかしい」と一蹴《いっしゅう》したが、結局は証拠が万人の心を納得させた。

2　私たちは鐘《ベル》を「音を出す物体」だと思っているが、ベルにできることは、大気中に振動を起こすことだけだ。この振動が1秒間に16回の速さに達すると鼓膜に届き、心に聞こえる音になる。心は、1秒間に3万8000回の速さの振動まで聞くことができる。

振動数がそれを超えると、また何も聞こえなくなる。つまり、音はベルにではなく、私たちの心の中にあるのだ。

3　私たちは太陽が「光を発している」と話し、そう考えてさえいるが、実は知っている。太陽は高速で振動するエネルギーを放出し、それがいわゆる「光波」を生み出しているにすぎない、と。つまり、私たちが光と呼んでいるものは、エネルギーの一形態であり、波動が心に生み出した感覚にすぎないのだ。周波数が上がると、光の色が変わる。振動がより短く、速くなるたびに、色が変わるのだ。私たちは「バラは赤い」「牧草は緑色だ」「空は青い」と言っているが、色は私たちの心にしか存在しない。つまり、光波の振動の結果を知覚しているにすぎないのだ。振動が1秒間に400兆回を下回ると、私たちはそれを、光ではなく熱として感じる。物事の真実について、感覚でとらえた情報は当てにならない。当てになるなら、太陽が地球の周りを回り、地球は平らで、星は巨大な恒星ではなく光の欠片《かけら》だ、と信じていなくてはならない。

4　あらゆる形而上学《けいじじょう》体系の理論と実践は、自分自身と自分が住む世界の真実を知ることにある。つまり、調和を表現するためには調和を、健康を表現するためには健康を、豊かさを表現するためには豊かさを思考しなくてはならない――と知ることが重要なのだ。そのためには、感覚でとらえた証拠を覆さなくてはならない。

5　あらゆる病気、不足、制限が間違った思考の結果にすぎない、とわかれば、「自分を自由にしてくれる真実」に気づくだろう。そうしたら、どうすれば山を動かせるかがわかる。その山は疑念、恐れ、不信など、やる気を削《そ》ぐものだけでできているかもしれない。それが実在するなら、動かすだけでなく「海に投げ込む」必要がある。

6　あなたの本当の仕事は、ここで話していることが真実だ、と自分を納得させることだ。それに成功すれば、真実について考えるのは難しくなくなる。すでにお話ししたように、真実には生命原理が宿っているので、真実はおのずと姿を現わすだろう。

7　メンタルヒーリングで病気を治す人たちは、この真実を理解し、自分やほかの人たちの人生で、日々それを証明している。彼らは知っているのだ。生命、健康、豊かさは至るところに存在し、あらゆる空間を満たしている、と。そして、病気やありとあらゆる不足を具現化している人たちがこの偉大な法則をまだ理解していないことも、知っている。

8　あらゆる状況は思考の創造物なので、完全に心の問題である。病気や不足は、真実を認識できていない心の状態を映し出しているにすぎない。だから、間違いが取り除かれた途端に、その状況も消える。

9 間違いを取り除く方法は、静寂に浸り、真実を知ることだ。すべての心は一つなので、これは自分自身のためにも、ほかの誰かのためにもできることだ。望み通りの状況をイメージできるなら、それが結果を出す一番簡単で迅速な方法だ。まだうまくイメージできないなら、論理的に考え、自分の言葉が絶対的な真実だと自分自身を納得させれば、結果を出せるだろう。

10 今から紹介する言葉を、心に刻んでほしい。理解するのは難しいかもしれないが、理解できれば効果を発揮するだろう。「それがどのような困難で、その困難がどこにあり、誰がその影響を受けていようと、あなたが対処すべき患者はあなた一人だけだ」。やるべきことは、自分が具現化したい真実を、自分自身に納得させることだけなのだ。

11 これは、あらゆる形而上学体系の主張と一致した、科学的に正しい言葉だ。これ以外に、永続的な結果を手に入れる方法はない。

12 集中、ビジュアライゼーション、論理的思考（納得）、自己暗示、これらはすべて真実を具現化する方法にすぎない。

13　誰かを助けたいなら、誰かの不足や制限や間違いを破壊してあげたいなら、その人のことを考えてはいけない。助けると意図するだけで、その人と心が触れ合うので、もう十分なのだ。そして、あなたの心の中から、不足、制限、病気、危険、困難などトラブルにまつわる信念を追い出そう。それがうまくできた途端に、目的は達成され、その人は自由になるだろう。

14　ただし、思考が創造力を持つことを覚えておいてほしい。だから、不調和な状況に思考が向いてしまうたびに、しっかりと理解してほしいのだ。そうした状況は見せかけにすぎず、実体を持つものではない、と。実在するのは魂《スピリット》だけであり、スピリットは完璧《かんぺき》そのものなのだ。

15　あらゆる思考はエネルギーの一形態であり、波動の周波だが、真実の思考は最も周波数が高いので、光が闇を葬るように、ありとあらゆる間違いを破壊してくれる。「真実」が現れると、どんな間違いも存在できなくなる。だから、ビジュアライゼーションのような頭脳労働の本質も、真実を理解することにあるのだ。真実を理解すれば、どんな不足も制限も病気も克服できる。

16 外の世界を見ていても、真実を理解することはできない。外の世界は相対的なものにすぎないが、真実は絶対的なものだからだ。つまり、真実は「内なる世界」に見出《みいだ》さなくてはならないのだ。

17 真実だけを見るよう心を訓練すると、真実の状況だけを表現し、経験できるようになる。この能力は、私たちの進歩を示している。

18 絶対的な真実とは、「私」が完全無欠であることだ。本当の「私」はスピリチュアルな存在なので、完璧以外の何者でもない。そこには、いかなる不足も制限も病気も存在しようがない。天才的なひらめきは、脳内の分子の運動からは生まれない。それは自己、すなわち、スピリチュアルな「私」から生まれるものだ。スピリチュアルな自己は宇宙意識と一体であり、その一体性を認識できてはじめて、あらゆるインスピレーションや才能が生まれる。そうして生み出された結果は遠くまで波及し、将来の世代にも影響を及ぼすだろう。それは、数え切れないほどの人たちに道を示す、火柱なのだ。

19 真実とは、論理的な訓練や実験、もしくは観察の結果ではない。それは成熟した意識の産物なのだ。たとえば、統治者の心の中の真実は、その立ち振る舞いや人生や行動、さらにはその人が社会の形態や進歩に及ぼした影響に表れる。あなたの人生や行動や世

の中に対する影響力は、あなたが真実をどの程度認識できているかによって決まる。真実は信条にではなく、行いに表れるからだ。

20　真実は性格に表れる。性格は、その人の信条や当人にとっての真実を表している。また、真実はその人の所有物の質にも表れるだろう。自分の運気が変わったことに不満を漏らす人は、自分を不当に扱っている。理にかなった反駁《はんばく》しようのない真実を否定しているに等しいからだ。

21　自分の環境や、人生で遭遇する無数の状況や出来事は、すでに潜在意識の人格の中に宿っている。その人格が、自らにふさわしい心身の材料を引き寄せるのだ。つまり、現在が未来を決定している。だから、人生のどこかに明らかに不当な要素があるなら、自分の内側にその原因を探すべきだ。外の世界に具現化された、心の要因を突き止める努力をしなくてはならない。

22　この真実が、あなたを「自由」にしてくれる。この真実を知ることで、あらゆる困難を乗り越えられるはずだ。

23　外の世界で遭遇する状況は、間違いなく、内なる世界で手に入れた状況の産物である。だから、心に完璧な理想を抱けば、寸分のずれもなく、外の世界に理想の状況を生み出せる。

24 あなたが不完全なもの、不十分なもの、相対的なもの、制限のあるものにしか目を向けなければ、そうした状況が人生に現れる。だが、心を訓練し、永遠に完全無欠で調和に満ちた「私」――スピリチュアルな自己――に目を向けて、その存在を自覚できるようになれば、健全で好ましい状況だけが具現化されるだろう。

25 思考は創造力を持ち、真実は人間が抱くことのできる最高かつ完璧な思考なので、真実を思考すれば真実が生み出されるのは当たり前である。また、言うまでもないが、真実が現れると、間違いは姿を消すほかない。

26 宇宙意識は、存在しているすべての意識の総体である。目に見えない力《スピリット》とは宇宙の知性のことなので、スピリットとは宇宙意識のことだ。つまり、スピリットと宇宙意識は同義語なのだ。

27 難しいのは、その意識が個人のものではない、と理解することだろう。その意識は至るところに存在し、その意識が満ちていない場所は一つとしてない。だから、「宇宙」

意識と呼ばれている。

28　人間はこれまで、「神」という言葉を使って、この宇宙の創造原理を表現してきた。しかし、「神」という言葉では、意味が正しく伝わらないだろう。ほとんどの人は、この言葉が自分の外にいる何者かを指している、と理解しているが、事実はまったく逆だからだ。それは、私たちの生命そのものであり、それがなければみんな死んでしまう、存在できなくなるものだ。スピリットが身体を離れた瞬間に、私たちは無になる。要するに、スピリットは存在のすべてなのだ。

29　さて、スピリットの掌中にある唯一の活動とは、思考することだ。スピリットは創造力を持つので、思考も創造力を持っている。この創造のパワーは個人のものではないが、あなたは思考能力で、そのパワーの手綱を握り、自分自身やほかの人たちの利益のために活用することができる。

30　この言葉の真実を認識し、理解し、評価すれば、あなたはマスターキーを手に入れられる。だが、覚えておいてほしい。真実を理解できる賢明さ、証拠を比較検討できる懐の深さ、自らの判断に従える揺るぎなさ、必要な犠牲を払える強さを持っている者だけが、扉を開き、豊かさを味わうことができるのだ。

31　今週は、私たちが住む世界がどれほど素晴らしい場所で、あなたがどれほど素晴らしい存在かを自覚する努力をしてほしい。多くの人が真実の知識に目覚めつつあるが、目覚めて「自分のために備えられてきたもの」に気づくと、それが「目が見たことのない、耳が聞いたことのない、人の心に思い浮かんだことのないもの」だとわかるだろう。輝きは、「約束の地」に到達した者のために存在するのだ。彼らは判断の川を渡り、真実と偽りとを区別する地点にたどり着いて、気がつくはずだ。自分がこれまでに意図したり、夢見たりしたすべてのことは、輝かしい真実のかすかな反映にすぎなかった、と。

地所の遺産は引き継げても、知識や英知の遺産は引き継げない。金持ちはお金を払って誰かに代わりに働いてもらうことはできても、自分の代わりに思考してもらったり、自己鍛錬をお金で買ったりはできない。

——サミュエル・スマイルズ（英国の作家・医師）

24週目のレッスン——Q&A

1. あらゆる形而上学《けいじじょうがく》体系の理論と実践は、どんな原理に根差しているか？
自分自身と自分が住む世界についての「真実」を知ること。

2. 自分自身についての「真実」とは何か？
本当の「私」――自己――は、スピリチュアルな存在なので、完全無欠であること。

3. あらゆる間違いを破壊する方法とは何か？
自分が具現化したい状況についての「真実」を、自分自身に納得させること。

4. これは他人のためにもできることか？
「私たちが生き、動き、存在している」宇宙意識は分割できない一つのものなので、自分自身と同じように、ほかの人たちを助けることもできる。

5. 宇宙意識とは何か？
存在するあらゆる意識の総体である。

6. 宇宙意識はどこに存在するのか？
宇宙意識は遍在しているので、至るところに存在し、存在していない場所はない。ゆえに、私たちの内側――内なる世界――にも宿っている。宇宙意識は私たちの魂《スピリット》であり、私たちの生命だ。

7. 宇宙意識の本質とは何か？
宇宙意識はスピリチュアルな存在なので、創造力を持っている。自らを形として表現しようと努めている。

8. どうすれば宇宙意識に働きかけることができるのか？
思考すること。私たちの思考能力は、宇宙意識に働きかけ、宇宙意識を自分やほかの人たちの利益のために顕在化する能力なのだ。

9. 「思考する」とは、どういう意味か？
明確な目的を持つ、鮮明で、揺るぎなく、穏やかで、意図的で、持続的な思考をすること。

10. そのような思考は、何をもたらすのか？
「その業《わざ》を行うのは私ではなく、私の内におられる父なる神だ。神が業をなされる」と言えるようになる。「父」とは宇宙意識のことであり、宇宙意識が本当に自分の内側に宿っている、と理解できるようになる。つまり、聖書に書かれている素晴らしい約束はつくり話ではなく事実で、真実を理解できている人なら誰でも証明できることだ、とわかるようになる。

神殿には聖なる像がある。私たちはそれが人類の大多数に、常にどんな影響力を及ぼしてきたかを知っている。だが、実は、人間を常に支配している見えない力とは、人々の心の中にある考えや想像《イメージ》なのだ。人々はどんな場合も、それに快く従っている。

——ジョナサン・エドワーズ（米国の神学者）

訳者あとがき

長澤あかね

この本が書かれたのは1912年、和暦で言えば明治45年／大正元年のことです。当時は24週間の通信講座の教材として制作され、数年後に書籍として刊行されました。

著者のチャールズ・ハアネルは、米国のミシガン州アナーバーに生まれ、ミズーリ州セントルイスで育ち、そこで15年間会社員生活を送ったのちに起業しています。砂糖やコーヒーのプランテーション事業等に携わり、最終的には当時最大規模の複合企業《コングロマリット》を創設しました。「米国科学連盟（The American Scientific League）」「セントルイス商工会議所」「米国心霊現象研究協会（The American Society of Psychical Research）」に籍を置いていたことからも、科学、ビジネス、目に見えない世界……と幅広い分野にバランスよく関心と知識を持つ人物だったことがうかがえます。ちなみに、「セントルイス動物愛護協会」の会員でもあったので、無類の動物好きだったのかもしれません。また、本書を読んでお気づきの方もおられるでしょうが、後年、『The Amazing Secrets of the Yogi（未邦訳：ヨガ行者の驚くべき秘密）』という本を共著で出版していることからも、ヨガに精通していたことがわかります。

そんなハアネルが46歳のとき、自らの成功哲学を惜しみなく詰め込んだ『ザ・マスターキー』を書き上げました。米国では、19世紀後半から「ニューソート」というキリスト教を基盤としつつも、個人の幸福や成功に焦点を当てた思想が力を持ちつつありました。そんな中で世に放たれたこの珠玉の1冊は、20万部を突破する当時としては異例のベストセラーとなったのです。のちに「成功哲学の祖」と呼ばれるナポレオン・ヒルは、「私の現在の成功はおおむね、『ザ・マスターキー』に記された原理のおかげです」「あなたは、人間が思い描くことで達成できないことは何一つない、と人々に気づかせる素晴らしい仕事をされています。私自身の経験が、間違いなくそれを証明しています」と、ハアネルにお礼の手紙を送っています。

ところが、1933年以降、この本はなぜか世の中から姿を消してしまいます。「教会の意向に沿わないという理由で発禁処分になった」という説もありますが、本当のところはわかりません。ただ、諸説あるとはいえ、本書からは、そう言われるのもうなずけるような徹底的な科学的視点、論理的思考が感じられます。聖書の言葉もたびたび登場しますが、お読みいただいた方はすでにご存じのように、あくまでも科学的な視座に基づいて引用されています。また、ハアネルの言葉からは、古い体制や権威に対する反骨精神のようなものも感じられます。21世紀を生きる私たちにはごく自然に響く言葉や表現も、当時は刺激的に受け止められたのだろうか？　と、著者が生きた時代に思いを馳《は》せながら読むのも、面白いかもしれません。

こうして数十年の間、絶版となっていた本書が再び注目を集めたのは、シリコンバレーの起業家たちがこぞって読みたがったからです。かのビル・ゲイツがハーバード大学を辞めて「すべてのデスクにコンピューターを!」という夢を追いかけ始めたのはこの本がきっかけだった、という噂が広がったのです。そうして再版された結果、今ではシリコンバレーの億万長者の多くが『ザ・マスターキー』の愛読者だ、と言われています。さらに、2006年に『ザ・シークレット』という映画と書籍をつくり、全世界で「引き寄せの法則」ブームを巻き起こしたロンダ・バーンに、『ザ・マスターキー』が大きな影響を及ぼしたことも広く知られています。

「引き寄せの法則」について、最近の書籍や動画で知った方は、本書を読んで驚かれたのではないでしょうか。ほとんど同じことが、100年以上も前の本で理路整然と語られているのですから。「引き寄せの法則」とは、思いが磁石のように働いて、自分の心にふさわしい状況を外の世界に引き寄せる、というものです。なんだかオカルトチックに聞こえますが、ハアネルはこう説明しています。「すべての思考が脳に印象を刻みつけ、その印象が心の傾向をつくり、その心の傾向が性格や能力や目的をつくる。そして、性格と能力と目的を組み合わせた活動が、人生で遭遇する経験を決める」。また、こうも語っています。「思考を変えれば、心構えが変わり、人格が変わり、人生で遭遇する人や物事や状況や経験が変わる」なるほど！　本人の心持ちが変われば周りに集まる人たちも変わる、いわゆる「類は友を呼ぶ」現象を、実際に見聞きしたことがない人はいないでしょう。幸福も成功もたいていい人を介してもたらされるので、よい思考がよい人脈をもたらし、それがよい環境をつくり、幸福や成功を生み出す。それが不変の自然の法則だ、という主張には合点がいきます。成功するのは自分自身だけでなく他人も助ける人たちであること、物質的な豊かさを手に入れても幸せになれない人たちがいる理由についても、納得がいきます。

ハアネルは、万物を創造する「宇宙意識」――創造主、神、と呼んでもいいかもしれません――と私たちは一つだ、と主張しています。そして、正しく思考することで、その全知全能のパワーを活用し、人生で願いをかなえることができる、と説いています。しかし、私は以前から、こうした主張に触れるたびに、感じていたことがありました。「顕在意識でどんなに正しく思考しても、心の9割以上を占める潜在意識が邪魔をするんじゃないの？」「潜在意識には、幼い頃からのネガティブな思い込みが詰まっているから、結局は自己肯定感の高い人にしか通用しない手法なのでは？」と。でも、この本のおかげで顕在意識と潜在意識の関係や仕組みがよくわかり、長年の疑問に終止符を打つことができました。顕在意識には潜在意識に望ましい印象を刻みつける力があり、誰もが自分の意識を変え、人生を変えていける――そう腑に落ちたのです。ハアネルの説明は、実に論理的で説得力があります。これが100年以上にわたって、この本が脈々と読み継がれてきた大きな理由の一つだと言えるでしょう。

さて、これは翻訳のこぼれ話、とでも言うべき内容ですが、この本を正しく理解して日本語に訳すのは、なかなか骨の折れる仕事でした。目の前に並んでいるのは見慣れた英単語に違いないのに、言い回しや言葉遣いが現代とはさまざまに異なっているせいでしょう。まるで糸電話で話しているような、もどかしさと難しさ。そんなとき、たまたま100年ほど前の日本語の文章に触れる機会があって、思わず膝を打ちました。

「いにしへ我れ等の先祖は裸體で居つた。それは未だ織物が發見されないまへの狩獵時代に……」（『女工哀史』改造社より）。100年とは、かくも長き時間なのです。1912年といえば、私が幼い頃にかなりの高齢で亡くなった祖父が青年だった時代です。そこで、その時代の息吹を感じながら、若かりし祖父と対話するつもりでパソコンに向かってみることにしました。すると、ハアネルさんとの毎日の糸電話は、苦しくも楽しい時間となり、人生を切り拓《ひら》く多くの知恵を授かることができました。対話を重ねれば重ねるほど、心が励まされ、前向きになっていくのを感じました。読者のみなさんにも、同じ効果が現れているのではないでしょうか。もう一つ、古典ならではの事情があるとすれば、著者は科学技術を非常に重んじており、科学的な話題が随所に盛り込まれていますが、現代では否定されている説や、もう使われていない機械が時折登場することです。翻訳するにあたり、それらは当時ハァネルが見ていたもの、考えていたことをそのままお伝えするという方針のもと、最低限の注をつけてお届けしています。

みなさんが手にしたハアネル直伝の24のレッスンは、私たちの中に眠る優れた能力を開くマスターキーです。小説のように一気に読まれる場合も、ぜひレッスン1に戻って、ワークに取り組んでいただきたいと思います。イメージのワークでは、おそらく「戦艦を思い描くなんて難しい」と感じる方もおられるでしょう。戦艦が出てくるあたりは、時代背景がうかがえて興味深いのですが、イメージの対象は豪華客船でも飛行機でもログハウスでも、自由に選んで構わないはずです。

静寂の中で心身をリラックスさせ、コツコツ重ねる毎日の数分間が、きっと人生を変えることでしょう。時の試練を経た至高の知恵を授かり、幸せで豊かな人生を歩む人が増えますように。ハアネルは繰り返し語っています――知識はひとりでに役立つものではなく、活用しなくてはならないものだ。活用しなければ宝の持ち腐れだ、と。

最後になりましたが、伝説の名著を翻訳するチャンスをくださったＫＡＤＯＫＡＷＡの松原まりさんと、素晴らしい解説を寄せてくださった本田健さんに心より感謝申し上げます。

解説

本田《ほんだ》　健《けん》（作家）

今、あなたが手にとっているこの本は、１００年も前に書かれました。著者の考えていることが、１００年の時を超え、あなたに届いているのです。そう考えると、不思議な気もするし、じ〜んと感動してきますね。

世代を考えると、あなたのおじいさん、おばあさんが生まれる前。そのまたお父さんお母さんの曽祖父母の時代に書かれたわけです。

この本が出たのは、１９１７年、日本では大正6年です。その数年前に第一次世界大戦が始まり、世界中が混沌《こんとん》としていました。この年には、ロシアで革命が起こり、ロマノフ王朝が崩壊。アメリカが第一次世界大戦に参戦しています。スペイン風邪が世界的に流行するのは、この本が出版された次の年、１９１８年からです。

それから、世界は大混乱になります。空前の好景気が訪れ、それから株価大暴落。１９４５年の第二次世界大戦の終結まで、30年近く人類史上稀に見る大混乱期を迎えます。

本書は、そういう時代背景を考慮すると、ますます楽しめるのではないでしょうか。

１００年以上前に書かれていますが、その内容が全く古くなっていないのには、とても驚かされます。時代が変わって、飛行機、携帯電話、コンピューターが登場しても、人間関係や生き方に関しては、あまり変わっていないためでしょうね。

人として、幸せに豊かに生きるためには、不変的な法則があり、その知恵を身につけることで、誰でもが、素晴らしい人生を生きられるという著者の思いに、私も共感します。１０５年の時を経て、日本の読者の皆さんに、この本が届くことに、私は深く感動しています。

当時の成功の法則は、今の生活にもそのまま当てはまり、本書に出てくる数々のレッスンは、不変な真理だと言えます。イメージの法則、成長の法則、命について、与えること、受け取ること、などの数々の知恵は、あなたのこれまでの考え方を少しずつ、優しく変えていくでしょう。

私も、この本を何度も読み込んで、深く考えさせられることがありました。自分が全てを持っていること、自分の思考で人生を変えられることなどは、自分でも実践したことだし、１００年もの前に、その真理が説かれていることに驚きを隠せません。

本書のレッスンをやっていくうちに、自分の人生を棚卸しして、いまだに変な考え方の癖があることにも、気づきました。

たとえば、その一つを挙げると、「大きく考える」こと。つい日常に忙殺されて、忘れてしまいがちです。小さな島国に住んでいる私たちは、特に気をつけないと、現状維持の生き方になってしまいます。日本は、この30年間成長するのをやめた国です。知らないうちに、小さくまとまっている自分にハッとしました。

もう一つ挙げると、「すべては願望から生まれる」のレッスンも、自分の心に深く響きました。自分の考えることが、現実になると、本当に理解できたら、本当に自分が望むことをはっきりさせて、情熱的に生きられると思います。そういう人生を目指していたはずなのに、なんとなく中途半端になっている自分に気がつきました。

私は、しばらく前に、エスター＆ジェリー・ヒックスの『引き寄せの法則』という本を翻訳させていただきました。「あなたの思考が、あなたの人生を作る」ということが書かれているのですが、その本が出る100年も前に、ほぼ同じことが書かれていたわけです。自分の意識が向かうものを引き寄せるようになるということは、日常生活でも体験している人は、多いでしょう。あらためて、いろんなところで聞いたようなことが、「そうだったのか!!」という感じで、腑《ふ》に落ちることもたくさん出てくると思います。

最後のほうのレッスンになるに従って、あなたの人生の目的も浮かび上がってきます。あなたが、なぜこの世界に生まれてきたのか、何をやると、充実した人生になるのか、レッスンを進めていくうちに、自分の答えもクリアーになっていくことでしょう。思わぬ発見や気づきがあると思うので、本書を読みすすめる時には、ぜひ、専用のノートを用意してください。

「与えることと受け取ること」のレッスンにも、痺《しび》れましたね。考えてみれば、人生は、与えることと、受け取ることによってできています。受け取るよりも与えるほうが多い人は、自然と豊かに幸せになります。今までも心掛けてきたことですが、もっとやっていこうと、新たに決めることができました。


本書には、たくさんの知恵が詰まっています。あなたの元には、24週分の成功へのマスターキーが届きます。それをひとつずつ学んでください。自分の心の持ち方、考え方などが変わるにつれ、あなたの人生も変わっていくでしょう。

一気に読んでしまうのもありですが、毎週、レッスンを読みながら、実践していくというのもいいでしょう。6ヶ月後には、違う人生になっていると思います。

時を超えて、あなたの元に届いた「幸せな人生の法則」を大切に生かしてください。それが、時を超えた著者の願いであり、この文章を書いている私の願いでもあります。

講演で訪れたバンクーバーにて

本書は訳し下ろしです。

ザ・マスターキー

成功《せいこう》の鍵《かぎ》

チャールズ・F・ハアネル　長澤《ながさわ》あかね＝訳

令和5年 3月25日　初版発行
令和6年 12月15日　再版発行

発行者●山下直久

発行●株式会社KADOKAWA
〒102-8177　東京都千代田区富士見2-13-3
電話　0570-002-301（ナビダイヤル）

角川文庫 23598

印刷所●株式会社KADOKAWA
製本所●株式会社KADOKAWA

表紙画●和田三造

ISBN 978-4-04-113305-7　C0198

角川文庫発刊に際して

角川源義

第二次世界大戦の敗北は、軍事力の敗北であった以上に、私たちの若い文化力の敗退であった。私たちの文化が戦争に対して如何に無力であり、単なるあだ花に過ぎなかったかを、私たちは身を以て体験し痛感した。西洋近代文化の摂取にとって、明治以後八十年の歳月は決して短かすぎたとは言えない。にもかかわらず、近代文化の伝統を確立し、自由な批判と柔軟な良識に富む文化層として自らを形成することに私たちは失敗して来た。そしてこれは、各層への文化の普及滲透を任務とする出版人の責任でもあった。

一九四五年以来、私たちは再び振出しに戻り、第一歩から踏み出すことを余儀なくされた。これは大きな不幸ではあるが、反面、これまでの混沌・未熟・歪曲の中にあった我が国の文化に秩序と確たる基礎を齎らすためには絶好の機会でもある。角川書店は、このような祖国の文化的危機にあたり、微力をも顧みず再建の礎石たるべき抱負と決意とをもって出発したが、ここに創立以来の念願を果すべく角川文庫を発刊する。これまで刊行されたあらゆる全集叢書文庫類の長所と短所とを検討し、古今東西の不朽の典籍を、良心的編集のもとに、廉価に、そして書架にふさわしい美本として、多くのひとびとに提供しようとする。しかし私たちは徒らに百科全書的な知識のジレッタントを作ることを目的とせず、あくまで祖国の文化に秩序と再建への道を示し、この文庫を角川書店の栄ある事業として、今後永久に継続発展せしめ、学芸と教養との殿堂として大成せんことを期したい。多くの読書子の愛情ある忠言と支持とによって、この希望と抱負とを完遂せしめられんことを願う。

一九四九年五月三日